METODOLOGIA DO ENSINO

na Educação
Superior

Os volumes desta coleção trazem uma análise ampla e esclarecedora sobre os vários processos envolvidos no desenvolvimento das atividades que caracterizam a educação superior. São explorados os principais temas que devem ser profundamente conhecidos por professores e demais profissionais da educação nesse nível de ensino, desde os vinculados aos campos administrativo e político até os relativos à didática, à avaliação, à aprendizagem, à pesquisa e às relações pedagógicas. O objetivo é possibilitar que o leitor reflita criticamente sobre a constituição e o funcionamento da educação superior no Brasil.

Volume 1
Gestão da Instituição de Ensino e Ação Docente

Volume 2
Processo Avaliativo no Ensino Superior

Volume 3
Educação Superior Brasileira: Política e Legislação

Volume 4
Aprendizagem do Aluno Adulto: Implicações para a Prática Docente no Ensino Superior

Volume 5
Mediações Tecnológicas na Educação Superior

Volume 6
Pesquisa como Princípio Educativo

Volume 7
Relação Professor-Aluno-Conhecimento

Volume 8
Organização e Estratégias Pedagógicas

Inge Renate Fröse Suhr
Simone Zampier da Silva

Relação Professor-Aluno-Conhecimento

Av. Vicente Machado, 317, 14.º andar
Centro . CEP 80420-010 . Curitiba . Paraná . Brasil
Fone: (41) 2103-7306
www.editoraintersaberes.com.br
editora@editoraintersaberes.com.br

Conselho editorial
Dr. Ivo José Both (presidente)
Drª. Elena Godoy
Dr. Nelson Luís Dias
Dr. Ulf Gregor Baranow

Editor-chefe
Lindsay Azambuja

Editor-assistente
Ariadne Nunes Wenger

Editor de arte
Raphael Bernadelli

Análise de informação
Adriane Beirauti

Revisão de texto
Dayene Correia Castilho

Capa
Bruna Jorge

Projeto gráfico
Bruno Palma e Silva

Diagramação
Expression SGI

Iconografia
Danielle Scholtz

Dados Internacionais de Catalogação na Publicação (CIP)
Câmara Brasileira do Livro, SP, Brasil

Suhr, Inge Renate Fröse
  Relação professor-aluno-conhecimento / Inge Renate Fröse Suhr, Simone Zampier da Silva. – Curitiba: InterSaberes, 2012. – (Coleção Metodologia do Ensino na Educação Superior, v. 7).

  Bibliografia.
  ISBN 978-85-8212-448-2

  1. Ensino superior 2. Interação professor-alunos 3. Pedagogia 4. Professores – Formação 5. Relações interpessoais 6. Relações interpessoais 7. Sala de aula – Direção I. Silva, Simone Zampier da II. Título III. Série.

12-09379   CDD-378.125

Índices para catálogo sistemático:
1. Professores e alunos: Relação pedagógica: Educação superior 378.125

1ª edição, 2012
Foi feito o depósito legal.
Informamos que é de inteira responsabilidade das autoras a emissão de conceitos.
Nenhuma parte desta publicação poderá ser reproduzida por qualquer meio ou forma sem a prévia autorização da Editora InterSaberes.
A violação dos direitos autorais é crime estabelecido na Lei n. 9.610/1998 e punido pelo art. 184 do Código Penal.

Sumário

Apresentação, 9
Introdução, 13

O contexto histórico e as abordagens pedagógicas: expressões na relação professor-aluno-conhecimento, 17

    1.1   O contexto histórico e a construção das relações professor-aluno-conhecimento, 20

    1.2   As abordagens pedagógicas e sua expressão nas relações interpessoais em sala de aula, 27

    Síntese, 39

Indicações culturais, 40

Atividades de Autoavaliação, 40

Atividades de Aprendizagem, 43

A sociedade atual, o papel do ensino superior e a relação professor-aluno-conhecimento, 47

2.1 O ensino superior hoje: novas demandas e exigências, 52

2.2 As relações interpessoais e com o conhecimento na atualidade do ensino superior, 55

Síntese, 57

Indicações culturais, 57

Atividades de Autoavaliação, 59

Atividades de Aprendizagem, 63

Indicativos para a prática pedagógica no ensino superior na atualidade, 67

3.1 O domínio dos conteúdos, 71

3.2 O domínio das habilidades didáticas, 73

3.3 O domínio das relações situacionais, 74

Síntese, 83

Indicações culturais, 83

Atividades de Autoavaliação, 84

Atividades de Aprendizagem, 87

Possibilidades de intervenção na sala de aula do ensino superior, 91

4.1 Contratos didáticos previamente definidos: primeiro passo para relações interpessoais saudáveis, 95

4.2 A comunicação e a aula expositiva: caminhos que se entrecruzam, 103

4.3 O exercício da docência: uma opção que exige paixão e criatividade, 105

4.4 Os saberes e experiências dos alunos na sala de aula, 108

Síntese, 109
Indicações culturais, 110
Atividades de Autoavaliação, 111
Atividades de Aprendizagem, 113

Considerações finais, 115
Glossário, 119
Referências, 125
Bibliografia comentada, 131
Gabarito, 133
Nota sobre as autoras, 139

Apresentação

Muito se tem falado atualmente sobre a realidade do ensino superior e são muitas as exigências e as expectativas em relação a ele, numa época histórica de mudanças aceleradas e na qual as certezas se desfazem rapidamente.

A partir da década de 1990, concernente às mudanças no mundo do trabalho e da própria reorganização do capital, houve a ampliação de vagas no mercado educacional e a indiscutível abertura de espaço às empresas de educação privadas, proporcionando concomitantemente a possibilidade de maior acesso da população ao ensino superior.

Infelizmente, ao mesmo tempo que se ampliou o número de vagas em muitos cursos e instituições, ocorreu a fragilização da formação acadêmica oferecida aos alunos, em consequência de situações como espaços físicos com estrutura inferior às necessidades da formação profissional, professores com preparo insuficiente para lidarem com um outro tipo de aluno que, finalmente, tem acesso ao ensino superior, necessidade de as instituições privadas de ensino racionalizarem custos, entre outras.

Intenta-se, nesta obra, defender a manutenção da expansão de vagas, contudo, contribuindo na tarefa de subsidiar os professores para um trabalho de excelência, por meio de uma formação continuada consistente. Acreditamos, porém, que a formação docente, embora essencial, não é o único fator a garantir a qualidade do ensino superior. A estrutura material das instituições, assim como a conscientização dos gestores sobre as três dimensões de trabalho no ensino superior – ensino, pesquisa e extensão – também são de grande importância.

A reflexão sobre o papel do ensino superior nos direciona a apontar a necessidade de oferecer aos docentes desse nível de ensino subsídios para que possam compreender os objetivos de estabelecer a relação professor-aluno-conhecimento e, com isso, propiciar a constante melhoria do processo ensino-aprendizagem.

Para atender a esse objetivo, o presente livro se divide em quatro capítulos. O primeiro se apoia na história para demonstrar como as relações entre as pessoas (e entre professor e alunos) se estabelecem a partir do modo como cada sociedade produz os bens necessários à vida e as relações de poder que isso enseja. Apresenta, ainda, as diversas tendências pedagógicas que influenciaram a configuração atual da educação no Brasil e como cada uma delas concebe a relação professor-aluno-conhecimento.

O segundo capítulo, intitulado "A sociedade atual, o papel do ensino superior e a relação professor-aluno-conhecimento", apresenta as mudanças mais significativas na organização da produção, na ciência (na contemporaneidade), na tecnologia e no papel do Estado a partir da segunda metade do século XX e aborda o papel do ensino superior nesse contexto.

O terceiro capítulo explora a necessidade de o professor desenvolver três dimensões para favorecer um trabalho pedagógico de qualidade: a dos conteúdos, a das habilidades didáticas e a das relações situacionais. Esta terceira é a mais explorada neste capítulo, estando relacionada à especificidade do trabalho com alunos adultos.

O último capítulo objetiva auxiliar o professor com algumas sugestões – retiradas da prática das autoras como professoras e coordenadoras de curso de ensino superior – sobre como favorecer o estabelecimento (ou a retomada) da relação professor-aluno de modo a contribuir significativamente para a aquisição dos conteúdos pelos alunos.

Ainda, ao final de cada capítulo, o leitor encontra sugestões de leituras de aprofundamento dos temas tratados, pois defendemos que a formação do docente de ensino superior é um processo contínuo que não termina com a leitura desta obra, a qual é uma reflexão sobre o tema e objetiva apontar a necessidade de estudos mais aprofundados sobre ele.

Além dos capítulos, o livro contém atividades de autoavaliação e de reflexão que objetivam oferecer ao leitor a percepção de seus progressos na compreensão dos assuntos tratados. Consideramos de grande importância a resolução dessas atividades, já que a obra se faz à medida que é lida, interpretada, ressignificada pelo leitor.

Desejamos a todos uma leitura prazerosa e uma aprendizagem profícua.

Introdução

Relação professor-aluno-conhecimento objetiva trazer à luz questões relevantes sobre os processos pedagógicos no ensino superior, mediados pelas interlocuções entre professor, aluno e conhecimento.

A discussão exige um olhar aguçado para os diferentes aspectos que compõem o sistema de ensino no ensino superior, visto que as pesquisas na área da educação indicam cada vez mais a necessidade de considerar as relações interpessoais como importantes na apropriação do conhecimento sistematizado.

Não se pretende, nessa obra, priorizar aspectos como mais ou menos importantes no exercício da docência, mas sim, salientar o significado dos diversos elementos para uma educação em prol da excelência.

As abordagens pedagógicas, a organização das sociedades em diferentes períodos históricos e sua expressão na realidade escolar são alguns dos elementos abordados na obra que são refletidos, direta ou indiretamente, nos encaminhamentos cotidianamente feitos nas salas de aula. Os contatos estabelecidos entre professores e alunos são expressão da organização da instituição como um todo e merecem um espaço de reflexão e estudo, do qual o convidamos a compartilhar conosco.

Não se cogitou, aqui, esgotar as análises nessa área, mas, sim, propor indicativos, bem como disponibilizar a experiência das escritoras no exercício da docência e gestão do ensino superior.

Capítulo 1

O contexto histórico e as abordagens pedagógicas: expressões na relação professor-aluno-conhecimento

Iniciamos nossa reflexão demonstrando como o processo de ensinar e aprender sempre exigiu o estabelecimento de relações entre professor e aluno, e apontamos como, no decorrer da história da educação, a compreensão em relação a este importante elemento foi mudando a partir do crescimento da sociedade como um todo e das relações de poder que nela se colocam. Além disso, analisamos as influências desse processo histórico na atualidade e defendemos a necessidade de superar a participação alienada e passiva dos alunos em sala de aula, tornando-a mais consciente e interativa, com o objetivo de favorecer a aprendizagem.

Quando fazemos um resgate da vida escolar, em suas múltiplas dimensões, a maioria das pessoas guarda na memória experiências prazerosas e outras frustrantes desse tempo. Um misto de recortes que mescla rejeição, sucessos, conquistas, saberes e dúvidas. Uma gama de memórias nas quais as relações interpessoais se fundem aos conhecimentos e experiências adquiridos.

Nos diferentes níveis de ensino, da educação infantil ao ensino superior, as relações interpessoais estão presentes na vida escolar e se constroem de diferentes formas, de acordo com os diversos elementos que constituem a organização escolar: conteúdos, metodologia, currículo, concepção de educação e outros.

O ensino superior, etapa em que se amplia a autonomia▥* intelectual do aluno, não pode ser desconsiderado quando a discussão é acerca das relações interpessoais e a sua interferência nos processos de ensino-aprendizagem. Os docentes, que acompanham a formação desses universitários durante a trajetória acadêmica, relatam o desenvolvimento não apenas intelectual, mas também a construção social e afetiva deles.

Ou seja, em diferentes contextos e idades, em todos os níveis de ensino, é indiscutível que as relações estabelecidas nos espaços escolares são significativas, embora se expressem de formas diferenciadas.

Vamos ver como Lowman (2004, p. 56) discute a construção dos vínculos entre professor e aluno quando essa relação perpassa pelo conhecimento, mais especificamente no que tange o desenvolvimento sociocognitivo do estudante do ensino superior, que se encontra na fase adulta:

---

* A presença do ícone ▥ indica a inclusão do termo em questão no Glossário, ao final da obra.

cursos universitários são ambientes onde inevitavelmente ocorre uma miríade dos encontros interpessoais, alguns fugazes e outros envolventes. Como em todos os encontros humanos, os professores e os estudantes usam estratégias para maximizar os sentimentos positivos e minimizar os sentimentos negativos sobre si mesmos. Embora os grupos tenham diferentes interesses interpessoais, resultantes da grande diferença de poder no contexto da sala de aula, ambos procuram satisfazer às necessidades humanas básicas de afeição e controle. As maneiras pelas quais os professores e os estudantes satisfazem essas necessidades produzem fenômenos interpessoais previsíveis, que influenciam o grau e as condições em que os alunos são motivados a dominar o conteúdo colocado a sua frente.

Mas o que existe de instigante nesse processo? Quais elementos despertam dúvidas, discussões e pesquisas quando o assunto é a relação professor-aluno? O que permeia essas relações e faz com que os vínculos sejam de suma importância no processo de ensinar-aprender?

Importante destacar que, embora venha mobilizando nas últimas décadas os estudiosos da área de educação, a relação professor-aluno, mediada pelo conhecimento, há séculos – sem força de expressão – atravessa sociedades em espaços diferenciados onde se realizam a transmissão de conhecimentos.

Por um longo tempo, essa discussão não se estendeu ao ensino superior, pois a própria concepção que norteia esse nível de ensino tem suas origens no saber livresco, enciclopédico, erudito, em que a transmissão do conhecimento tem suas bases numa organização hierárquica e unilateral. Nesse contexto, não caberia pensar caminhos possíveis de construção das relações interpessoais professor-aluno, numa perspectiva emancipatória[1] e dialógica, como expõe Vasconcellos (2000b).

Tomar alguns recortes da história da educação, especificamente quanto ao ensino superior no Brasil, será esclarecedor para compreender esse nível de ensino no país e, consequentemente, ampliar as ideias nas análises do assunto dessa obra: a relação professor-aluno-conhecimento.

1.1 O contexto histórico e a construção das relações professor-aluno-conhecimento

Quando nos reportamos à história, percebemos como a relação entre aquele que domina o saber e aquele que o recebe sempre permeou as sociedades humanas. O processo relacional entre mestres e discípulos confunde-se com a história da própria educação e assume diferentes nuances, conforme o modelo de organização social em que esteja inserido.

Ao pensar na educação como um ato de humanização que ocorre numa dada sociedade, não é possível desligá-la de sua dimensão de trabalho, explicitado por Saviani (1991, p. 14), que determina a natureza da educação no âmbito da categoria "trabalho não material" [1]. Nessa perspectiva, o autor destaca, ainda, que no ato de aprender, o indivíduo se constrói como homem e esse "vir a ser" implica no ato educativo. Dos primórdios das sociedades aos dias de hoje, os processos educativos foram se construindo a partir das próprias necessidades das comunidades em que estiveram inseridos, "os quais foram se diferenciando progressivamente até atingir um caráter institucionalizado cuja forma mais conspícua se revela no surgimento da escola" (Saviani, 1991, p. 15).

Assim, o modo como cada sociedade organiza a produção dos bens por meio do trabalho orienta como se dará a educação e, consequentemente, o papel da escola e a relação entre os sujeitos do processo ensino-aprendizagem. Segundo Saviani (1991, p. 19), *a educação é um fenômeno próprio dos seres humanos. Assim sendo, a compreensão da natureza da educação passa pela compreensão da natureza humana. Ora, o que diferencia os homens dos demais fenômenos, o que o diferencia dos demais seres vivos, o que diferencia dos outros animais? A resposta a essas questões também já é conhecida. Com efeito sabe-se que, diferentemente dos outros animais, que se adaptam a realidade natural tendo a sua existência garantida naturalmente, o homem necessita produzir continuamente sua própria existência. Para tanto, em lugar de se adaptar à natureza, ela tem que adaptar a natureza a si, isto é, transformá-la. E isto é feito pelo trabalho. Portanto, o que diferencia o homem dos outros animais é o trabalho. E o trabalho se instaura a partir do momento em que seu agente antecipa mentalmente a finalidade da ação. Consequentemente, o trabalho não é qualquer tipo de atividade, mas uma ação adequada a finalidades. É, pois, uma ação intencional.*

Oras, mas qual a articulação entre os conceitos de educação, escola e trabalho quando nos propomos à discussão da relação professor-aluno-conhecimento? Em que medida tais relações se organizam a partir dos modelos de sociedade em que a escola está inserida?

Inicialmente, com o objetivo de lançar bases para essa análise, buscamos em Aranha (1996, p. 15, grifo do original) a certeza de que

a partir das relações que estabelecem entre si, os homens criam padrões de comportamento, instituições e saberes, cujo aperfeiçoamento é feito pelas gerações sucessivas, o que lhes permite assimilar e modificar os modelos valorizados em uma determinada cultura. É a educação, portanto, que mantém viva a memória de um povo e dá condições para a sua sobrevivência. Por isso dizemos que a educação é uma instância mediadora que torna possível a reciprocidade entre indivíduo e sociedade.

Ao retomar a própria história das sociedades humanas, podemos perceber, como acrescenta a mesma autora, que o papel da escola não é "isento de distorções", ou seja, a própria escola se constitui historicamente como uma necessidade às sociedades mais complexas, mas, ao mesmo tempo, é a confirmação de que o saber, "antes aberto a todos, torna-se patrimônio e privilégio da classe dominante" (Aranha, 1996, p. 28). Isso porque nas sociedades primitivas o saber é acessível a todos, transmitido na vivência, ou seja, não há pessoas especificamente preparadas para o ensino nem se colocam os mais novos na situação formal de **alunos**. Todos ensinam a todos que precisam aprender as práticas, os valores e os conhecimentos necessários para a vida naquela comunidade.

A partir do momento em que o ser humano vai acumulando saberes, estes passam a ser de domínio de algumas pessoas, **iniciadas**, como, por exemplo, nas antigas civilizações orientais, nas quais "escribas no Egito, mandarins na China, magos na Babilônia e brâmanes na Índia exercem suas funções monopolizando a escrita em meio à população analfabeta" (Aranha 1996, p. 33). Há, portanto, uma divisão entre os que sabem e os que não sabem: o conhecimento passa a ser dominado por alguns, que têm a prerrogativa de ensiná-lo (ou não) aos demais.

As transformações pelas quais as sociedades – e, portanto, a vida das pessoas – passam quanto à sua organização e planejamento, seja na vida privada na comunidade, seja no mundo do trabalho, acabam por determinar os vínculos entre as pessoas, e a escola não fica alheia a esse processo. Entre essas mudanças, cabe citar que

> *as transformações técnicas e o aparecimento das cidades em decorrência da produção excedente e da comercialização alteram as relações entre os homens. As principais mudanças são: na organização social homogênea, na qual antes havia indivisão, surgem hierarquias por causa de privilégios de classes; aparecem formas de servidão e escravismo; as terras de*

> *uso comum passam a ser administradas pelo Estado, instituição criada para legitimar o novo regime de propriedade; a mulher, que na tribo desempenhava destacado papel social, fica restrita ao lar, submetida a rigoroso controle da fidelidade, a fim de se garantir a herança apenas para os filhos legítimos.* (Aranha, 1996, p. 28)

Nesse contexto social, a autora situa o papel da escola, afirmando que

> *o saber, antes aberto a todos, torna-se patrimônio e privilégio da classe dominante. Nesse momento surge a necessidade da escola, para que apenas alguns iniciados tenham acesso ao conhecimento. Se analisarmos atentamente a história da educação, veremos como a escola tem desempenhado um papel de exclusão da maioria, elitizando o saber.* (Aranha, 1996, p. 28)

Ora, as relações na escola são diretamente influenciadas pela organização material das sociedades, ou seja, os espaços educativos, ao atender os diferentes níveis, têm suas relações construídas hierarquicamente, aos moldes da sociedade em que estão inseridos. Portanto, é imprescindível que os educadores compreendam as bases em que a sociedade e, consequentemente, a escola como hoje a conhecemos se organizaram. Por isso, tomaremos como referência para a continuidade de nossa discussão a sociedade pós-medieval em que se reorganizam as bases materiais, originando o modo capitalista de produção. Manacorda (1999, p. 270) sintetiza essa reorganização ao afirmar que na Idade Moderna "o modo de produzir os bens materiais necessários para a vida da sociedade transformou-se profundamente".

Cabe retomar que o declínio do sistema feudal e o surgimento do modo de produção capitalista trazem um grande impulso para a constituição da escola, pensada com o objetivo de atender a todos os cidadãos e não apenas aos nobres ou ao clero. Como afirma Manacorda (1999, p. 288), "pode-se dizer que em todos os países europeus, de vários modos e em ritmos diferentes, se discutia, se legislava e se trabalhava para criar escolas". Nesse momento, impulsionada pelos ideais da revolução francesa, a burguesia, classe social em ascensão, defende, de maneira absolutamente revolucionária, a ideia de educação para todos. A Declaração dos Direitos do Homem e do Cidadão, aprovada em 1789, considerada a síntese do pensamento burguês da época, afirma que "os homens nascem e permanecem livres e iguais em direito, fundamentando-se as distinções sociais unicamente sobre a utilidade comum [...] e a finalidade de toda associação política é a conservação dos direitos naturais e imprescritíveis do homem" (Arruda; Piletti, 1999, p. 243). Esses direitos seriam a liberdade, a propriedade, a segurança e a resistência à opressão. Além disso, a declaração propõe que a lei é a expressão da vontade geral, podendo todos os cidadãos participar de sua elaboração, seja diretamente ou por meio de seus representantes.

    A consolidação da burguesia como classe dominante não se fez, entretanto, de maneira imediata. Foi preciso constituir uma nova mentalidade, diferente daquela típica do feudalismo, que transformasse "súditos em cidadãos, isto é, em indivíduos livres porque esclarecidos, ilustrados" (Saviani, 1989, p. 18). Naquele momento, a maioria das pessoas era analfabeta, o acesso aos livros era restrito e havia poucas pessoas capazes de ensinar à maioria os conhecimentos considerados necessários para a consolidação da democracia burguesa.

    Segundo Saviani (1989), a escola como hoje a conhecemos surgiu com a consolidação do capitalismo. Nesse contexto, compreende-se que o processo de transformação do trabalho humano interfere diretamente nas relações de poder construídas na sociedade e, inexoravelmente, na forma de transmissão e apropriação do saber, assim como do uso que se faz dele e do que o conhecimento representa entre as classes.

O mesmo ocorre com o ensino superior, pois embora as universidades existam desde a Idade Média, assumiram nova configuração a partir da Idade Moderna, visando à difusão da ciência e à formação profissional. A partir deste momento histórico passa a existir a preocupação com "o que ensinar, como ensinar, como avaliar", já que não se tratava mais de atender apenas aos jovens filhos da realeza em busca do deleite intelectual e sim, aos filhos da burguesia que buscavam o conhecimento como ferramenta de compreensão científica do mundo e, em consequência, como ascensão social.

A saída encontrada para formar pessoas instruídas capazes de contribuir com a nova ordem social foi a defesa da escola como a instituição encarregada de promover o esclarecimento, a instrução para todos. Para tal, era preciso que a escola atingisse a todos e por isso mesmo é que surgem os primeiros sistemas nacionais de ensino. Saviani (1989, p. 51-52) aponta que "escolarizar todos os homens era condição de converter os servos em cidadãos, era condição de que esses cidadãos participassem do processo político, e, participando do processo político, eles consolidariam a ordem democrática".

Esse processo de ampliação da escola e do acesso ao conhecimento para todos, proposto inicialmente pelos ideais burgueses, sofre um revés. Com acesso e consolidação da burguesia no poder, estabelecem-se novas relações de poder e de organização social, como define Manacorda (1999, p. 271):

> *Acontece de fato, que o desenvolvimento industrial, tornado possível pela acumulação de grandes capitais, graças à exploração dos novos continentes descobertos, e de grandes conhecimentos científicos voltados não somente para o saber, mas também para o fazer, traduz-se do ponto de vista do artesão das corporações, num longo e inexorável processo de expropriação. Ao entrar na fábrica e deixar sua oficina, o ex-artesão está*

formalmente livre, como o capitalista, também dos velhos laços corporativos; mas, simultaneamente, foi libertado de toda a sua propriedade e transformado em um moderno proletário. Não possui mais nada: nem o lugar de trabalho, nem a matéria prima, nem os instrumentos de produção, nem a capacidade de desenvolver sozinho o processo produtivo integral, nem o produto do seu trabalho, nem a possibilidade de vendê-lo no mercado. Ao entrar na fábrica, que tem na ciência moderna sua maior força produtiva, ele foi expropriado também da sua pequena ciência, inerente ao seu trabalho; esta pertence a outros e não lhe serve para mais nada e com ela perdeu, apesar de tê-lo defendido até o fim, aquele treinamento teórico-prático que, anteriormente, o levava ao domínio de todas as suas capacidades produtivas: o aprendizado.

A concepção de educação "para todos" foi se modificando à medida que a burguesia se consolida no poder. Essa mudança afeta diretamente as relações que se estabelecem no espaço escolar e na própria organização da escola como um todo, no que tange a espaços, encaminhamentos e métodos. Passa a ser necessário ensinar o suficiente para que o trabalhador execute seu trabalho, porém, sem aprender o suficiente a ponto de questionar o sistema. É visto que é necessário um mínimo de instrução para manter a ordem social, mas não mais do que o necessário para que se promova uma transformação real. Como aborda Saviani (1999, p. 160-161):

na organização da sociedade moderna, o saber é "força produtiva" e como tal deve ser propriedade privada da burguesia, ou seja, não diferente de outras sociedades, o saber é uma "forma de poder" na medida em que o saber se generaliza e é apropriado por todos, então os trabalhadores passam a ser os proprietários de meios de produção. Mas é da essência da sociedade capitalista que o trabalhador só detenha a força de trabalho. Aí está a contradição que se insere na essência do capitalismo: o trabalhador não pode ter meios de produção, não pode deter o saber, mas, sem o saber, ele também não pode produzir, porque para transformar a matéria precisa dominar algum tipo de saber.

Numa perspectiva libertadora e emancipatória, entende-se uma escola que "centre-se na igualdade essencial entre os homens", como afirma Saviani (1989), uma igualdade real e não apenas formal, em que os conteúdos serão vivos e transformadores. Como afirma Snyders (1988, p. 11), "toda escola define-se pelos conteúdos que seleciona, propõe, privilegia – [assim como pelos] os que ela silencia, e é daí que decorrem as abordagens correspondentes, porque é o que define o tipo do homem que se espera ver sair da escola".

A forma como são abordados e transmitidos os conteúdos escolares está intrínseca à construção das relações interpessoais que se estabelecem e, consequentemente, definem os pressupostos teóricos da concepção pedagógica que orienta as práticas escolares.

1.2 As abordagens pedagógicas e sua expressão nas relações interpessoais em sala de aula

Intrínseco ao contexto histórico que resgatamos inicialmente, cabe observar que surgiram diferentes concepções pedagógicas, que apresentam diversas formas de compreender a relação professor-aluno-conhecimento. Algumas abordagens, com maior ênfase às metodologias, outras, com suas práticas centradas no aluno, ou então no conhecimento, mas todas, com maior ou menor relevância, abordam essa dimensão. A fim de que se compreenda como esses diferentes aspectos interferem no processo educativo, a colocação de Mizukami (1986, p. 1), é esclarecedora:

Há várias formas de se conceber o fenômeno educativo. Por sua própria natureza, não é uma realidade acabada que se dá a conhecer de forma única e precisa em seus múltiplos aspectos. É um fenômeno humano, histórico e multidimensional. Nele estão presentes tanto a dimensão humana quanto a técnica, a cognitiva, a emocional, a sociopolítica e cultural. [...] De acordo com determinada teoria/proposta ou abordagem do processo ensino-aprendizagem, privilegia-se um ou outro aspecto do fenômeno educacional.

Ao abordar as concepções pedagógicas, é necessária a compreensão de que a constituição de escola como se tem hoje perpassa diferentes conceitos de homem, mundo, sociedade, cultura e conhecimento, segundo a própria autora. Ideias essas que não podem ser tratadas como um recorte da realidade, nem tampouco de forma fragmentada. É imprescindível uma leitura crítica e contextualizada na discussão desse tema.

A primeira concepção pedagógica que surgiu a partir da consolidação do modo de produção industrial e que recebeu mais tarde a alcunha de "tradicional" estabeleceu uma ênfase no conteúdo enciclopédico, ou seja, no conhecimento já instituído e tido como verdade absoluta. Cabia aos alunos o papel passivo de absorver tais conteúdos – transmitidos pelo professor – sem questionamento. O docente tinha o papel de organizar os saberes em sequência lógica e transmiti-los, geralmente, por meio da exposição oral aos alunos. Ele era tido, de certo modo, como centro do processo de ensino, já que definia o que e como ensinar, em que ritmo e com qual nível de exigência. Para Libâneo (1990, p. 24),

> *predomina a autoridade* [1] *do professor que exige atitude receptiva dos alunos e impede qualquer comunicação entre eles no decorrer da aula. O professor transmite o conteúdo na forma de verdade a ser absorvida; em consequência, a disciplina imposta é o meio mais eficaz para assegurar a atenção e o silêncio.*

É possível observar o tipo de relação que se estabelecia entre professor e aluno e destes com o conhecimento: professor como autoridade inquestionável e alunos como seres passivos e obedientes a uma disciplina imposta. A ênfase no trabalho individual desestimulava a comunicação e a cooperação entre os alunos e a competição era incentivada. Também não se desejava que o aluno questionasse o conteúdo ou apresentasse novas formas de pensar ou resolver um problema, mas sim, que ele reproduzisse as ordens e processos exaustivamente ensinados pelos professores. Nesse sentido, podemos citar Mizukami (1986), para quem, na pedagogia tradicional, os alunos eram apresentados aos resultados que já estavam estabelecidos pela ciência da época, para que fossem armazenados cumulativamente. Nessa perspectiva, o aluno não "agia" sobre a informação, mas a tomava como dogma inquestionável. Cabe destacar que, segundo essa concepção, "questionar" a informação significaria uma afronta ao próprio mestre que a professava, aspecto esse que determinava o modelo relacional que se estabelecia entre ambos.

Embora a escola intitulada "tradicional" seja – historicamente – típica do século XIX e início do século XX, é possível verificar vários reflexos dessa concepção na atualidade. Parte dos alunos de ensino superior ainda espera do professor uma postura autoritária capaz de impor disciplina em sala, a transmissão oral de certos conceitos e saberes, a cobrança de silêncio e a obediência. Tal postura em sala é a de **objeto a ser moldado pelo professor** e não a de sujeito de sua própria aprendizagem, já que eles esperam que o professor defina quando e o que estudar, referindo-se a eles como **exigentes** ou **molengas**, como se coubesse ao docente, unicamente, o papel de garantir a disciplina necessária ao estudo.

Existem também alguns professores que compreendem a relação professor-aluno-conhecimento tendo a exposição oral como elemento central, de forma que não permitem a interrupção ou a manifestação de dúvidas por parte dos alunos e, ainda, esperam que estes sejam subservientes, obedientes e quietos e que façam exatamente o que lhes é solicitado. Este posicionamento não favorece o estabelecimento de uma relação afetiva positiva do estudante com o conhecimento, que passa a ser **apenas o conteúdo a ser estudado para a prova** e não o saber a ser apreendido para a transformação da vida do aluno e da sociedade.

Sobre essa análise, Vasconcellos (2000a, p. 38) é elucidativo, ao questionar:

> *Que conceito de disciplina tem a maioria dos educadores? Geralmente, disciplina é entendida como a adequação do comportamento do aluno àquilo que o professor deseja. Só é considerado disciplinado o aluno que se comporta como o professor quer. A questão que poderia ser colocada é a seguinte: que comportamento deseja o professor? É frequente o desejo do professor que o aluno fique quieto, ouça as explicações que tem para dar, [...] Se isto acontecer, sentir-se-á, realizado.*

O mesmo autor ressalta que o conceito de disciplina associado à "obediência" está muito presente no cotidiano da escola, pois o professor, "num contexto de tantos desgastes", espera um comportamento passivo dos alunos. No caso brasileiro, à concepção tradicional se sucedeu a tendência denominada **escola nova**, para a qual a relação do aprendiz com o conhecimento deve ser absolutamente diferente do proposto anteriormente.

Pode-se afirmar, segundo Aranha (1996, p. 263), que a escola nova caracteriza-se por "desenvolver a individualidade, a autonomia, o que só seria possível em uma escola não autoritária que permitisse ao educando aprender por si mesmo, e aprender fazendo" e teve na pedagogia de Dewey, entre 1920 e 1940, a divulgação dessas ideias. Os autores dessa linha defendem que aprender é uma atividade de descoberta e não de apreensão de algo que é transmitido de fora para dentro. Dito de outro modo, "a aprendizagem é um ato individual, uma construção subjetiva do conhecimento" (Gazim et al., 2005, p. 42). Cada aluno, a partir do conhecimento que já tem, em relação direta com o objeto de conhecimento, constrói seu próprio conhecimento que é, de certo modo, único. O aprendiz tem, portanto, "papel central e primordial na elaboração e criação do conhecimento" (Mizukami, 1986, p. 43).

O papel do professor é secundarizado, cabendo-lhe agora a tarefa de facilitar a aprendizagem dos alunos, auxiliando-os a estabelecer hipóteses para resolução de problemas, fornecer materiais e condições para que cada um se desenvolva. As aulas expositivas são consideradas inadequadas e as atividades que exijam relacionamento interpessoal entre os alunos são extremamente valorizadas.

O conteúdo também é relativizado, subordinado aos interesses de cada aprendiz. Já não se trata de aprender tudo o que é considerado necessário, e sim, o que desperta o interesse e/ou corresponde às necessidades imediatas do aluno ou do grupo.

A colocação do aluno como centro do processo educativo modifica substancialmente a relação professor-aluno-conhecimento. Espera-se que o professor passe a ser um especialista em relações humanas e não mais o transmissor do saber. Libâneo (1990, p. 28) afirma que, para Rogers, "ausentar-se" é a melhor forma de respeito e aceitação plena do aluno. Toda intervenção é "ameaçadora, inibidora da aprendizagem." Os alunos, tidos como sujeitos de sua aprendizagem, deveriam participar ativamente das atividades em sala, a ponto de direcionarem as atividades a serem realizadas.

Dessa forma, Rogers (1986, p. 127) explicita que a ação desse "professor-facilitador" não está relacionada "nem no conhecimento erudito do assunto, nem no planejamento curricular, nem na utilização de auxílios audiovisuais, nem na aprendizagem programada que é utilizada, nem nas palestras e apresentações e nem na abundância de livros". Nessa situação, é possível concluir que o conteúdo propriamente dito não é o eixo dessa relação, nem tampouco o vínculo professor-aluno se estabelece mediado [m] pelo conhecimento.

Historicamente, compreende-se que a ênfase dessa concepção seja oposta à tradicional, visto que uma nova teoria geralmente se põe para refutar ideias anteriores vigentes na sociedade, mas não se pode desconsiderar as consequências das ideias escolanovistas ao ensino brasileiro em todos os níveis.

Embora a escola nova tenha se expandido mais na educação infantil e no ensino fundamental, seus reflexos atingiram também o ensino superior e o modo como o senso comum compreende o papel de alunos e professores na atualidade. De um lado, técnicas como trabalhos em grupo, pesquisa, uso de jogos, valorização da criatividade, dinâmicas de grupo, entre outros, passaram a fazer parte da realidade do ensino superior. Por outro, os alunos já não aceitam a atitude autoritária dos professores e desejam participar ativamente, o que, infelizmente, nem sempre significa ser um estudante autônomo, engajado com sua própria aprendizagem, e sim, em alguns casos, buscar a facilitação, convencer o professor a oferecer um trabalho para compensar um resultado ruim em um momento de avaliação.

É possível observar também que os alunos tendem a compreender tais técnicas citadas como menos importantes e até mesmo como estratégias para o professor se eximir do seu papel. Há uma supervalorização do "prazer" em aprender, sentimento que, no exercício docente e nas responsabilidades discentes, em várias situações, subestimam o esforço necessário ao processo de aquisição do conhecimento, assim como direcionam a relação professor-aluno para outros caminhos, que se distanciam do viés acadêmico e, consequentemente, dos objetivos da escola em seus diferentes níveis. Nessa perspectiva, temos o "professor bonzinho", o "amigão", o "conselheiro", ou seja, vínculos que não promovem o acesso ao conhecimento científico nem a construção da autonomia pedagógica e a possibilidade da transformação social, horizonte posto às relações realmente democráticas.

Percebemos que ambas as concepções até aqui expostas se mesclam na atualidade. Professores e alunos, de certo modo, desejam a autoridade do mestre, mas a negam; desejam a transmissão linear do conhecimento e, ao mesmo tempo, a questionam; defendem que o aluno deve ser autônomo, buscar seu próprio saber, mas, no dia a dia, se posicionam de maneira contrária a esta mesma ideia.

Além da concepção tradicional e da escolanovista, foi muito marcante no Brasil, principalmente no decorrer da ditadura militar, a concepção tecnicista de educação. Esta linha pretendia aproximar a educação do modo de funcionamento da fábrica, tornando a escola mais eficiente e produtiva. "Busca-se a eficiência, a eficácia, a qualidade, a racionalidade, a produtividade e a neutralidade na escola, que deve funcionar como uma empresa" (Gazim et al., 2005, p. 42).

Ao tomar o processo produtivo como modelo de qualidade e eficiência, o tecnicismo reverteu a tendência escolanovista de colocar o aluno no centro do processo educativo. O processo mental do aluno, a descoberta e a construção individual do saber deixam de ser levados em conta e a educação passa a ser compreendida como um "processo de condicionamento/reforço da resposta que se quer obter [...] através da: operacionalização dos objetivos e mecanização do processo" (Gazim et al., 2005, p. 42).

O conhecimento volta a ser valorizado, mas com um viés bem claro: só seria necessário ensinar na escola (inclusive no ensino superior) aquele saber **que interessa**, que é útil para a inserção dos indivíduos na sociedade e, principalmente, no mercado de trabalho. Com o foco na produtividade, os conteúdos deveriam ser claramente definidos em forma de objetivos educacionais, ensinados por meio de materiais instrucionais (livros, apostilas), aplicados pelo professor e resolvidos pelos alunos, mensuráveis ao final do processo. Há uma grande ênfase no uso de recursos tecnológicos para favorecer a produtividade da educação. A avaliação passa a corresponder a um tipo específico de controle de qualidade e pretendia-se que todos os alunos saíssem de um curso com o mesmo nível de conhecimento e competência, assim como se espera que todos os produtos de uma indústria sejam iguais.

A subjetividade, as relações interpessoais e mesmo o interesse do aluno eram considerados fatores secundários e, ainda, dificultadores da aprendizagem. Por isso, deveriam ser evitados. Neste período, a relação esperada entre professor e aluno mais uma vez se altera, sendo aquele o "elo de ligação entre a verdade científica e o aluno [...] o técnico responsável pela eficiência do ensino" (Gazim et al., 2005, p. 45). Já o aluno era colocado no papel de espectador, que deve aprender a fazer sem questionar as determinações que lhe eram postas.

Segundo Libâneo (1990, p. 30), sob esta concepção, as relações entre professor e aluno são "estruturadas e objetivas, com papéis bem definidos: o professor administra as condições de transmissão da matéria, conforme um sistema instrucional eficiente e efetivo em termos de resultados da aprendizagem; o aluno recebe, aprende e fixa as informações."

A relação do professor e do aluno com o saber é estabelecida como se este fosse algo pronto e acabado, um utilitário que precisa ser transmitido e aprendido. Observa-se que não há uma relação intersubjetiva destes sujeitos com o saber. É como se os conteúdos fossem algum tipo de **remédio amargo** a ser tomado durante um período específico (o curso) para alcançar o resultado esperado: a inserção produtiva.

Esta concepção também se apresenta ainda hoje em nossas salas de aula, quando, por exemplo, os alunos não desejam compreender o processo mental que explica um raciocínio e pedem que o professor apresente apenas a fórmula e as técnicas de resolução ou, então, quando se referem à determinada disciplina como pouco significativa para a profissão que exercerão, não percebendo o papel dela na construção de sujeitos e cidadãos mais completos e críticos. Ainda, alguns docentes e instituições enfatizam prioritariamente os desígnios do mercado de trabalho, abrindo mão de uma formação superior mais ampla, na qual a inserção produtiva é compreendida como uma faceta importante da vida dos sujeitos, mas não a única. Na organização legal e curricular de muitos cursos percebe-se o arrefecimento de disciplinas que exigem reflexão e aprofundamento teórico, em detrimento a um processo de formação aligeirado, que atenda às demandas imediatas do mercado de trabalho.

Observamos, assim, o que nos alerta Saviani (1985, p. 41) ao afirmar que

> *as diferentes tendências abordadas [...] estão, ao mesmo tempo, presentes na prática pedagógica dos professores e educadores em geral. [...] O professor [...] concebe o processo educativo como tendo o aluno por centro. O ato educativo se realiza na relação professor-aluno; relação interpessoal. Para isso ele está disposto a levar em conta, antes de tudo, os interesses dos alunos [...] acredita que sua classe será pouco numerosa para que ele possa se relacionar pessoalmente com seus alunos. E como o segredo da boa aprendizagem é atividade dos alunos, ele espera também que irá contar com uma biblioteca de classe, laboratório, material didático abundante e variado.*

Continuando este raciocínio, o autor afirma que

> *Formado da maneira [...] descrita e armado de bons propósitos, o nosso professor se dirige à classe que foi designada. O que encontra? Diante de si, a sala superlotada; atrás, um quadro-negro e... giz, se tiver sorte.*

Mas... e a biblioteca de classe, o laboratório, o material didático? [...] eis, pois, o primeiro ato de seu drama: sua cabeça é escolanovista mas as condições em que terá que atuar são as da escola tradicional. Isso significa que ele deverá ser o centro do processo de aprendizagem; que deverá dominar com segurança os conteúdos fundamentais [...] e transmiti-los de modo a garantir que seus alunos os assimilem.

[...]

o drama do professor não termina aí. De repente, despenca sobre ele as exigências da pedagogia oficial. Ele deve ser eficiente e produtivo. Para isso ele deve atingir o máximo de resultado com o mínimo de dispêndio. Logo, ele deve racionalizar, deve planejar suas atividades.

[...]

Se ele operacionalizar os objetivos e executar cada passo de acordo com as regras preestabelecidas, o resultado previsto será atingido automaticamente. (Saviani, 1985, p. 41-42)

Embora o texto de Saviani seja da década de 1980, ainda mantém a atualidade já que as situações descritas continuam desafiando e orientando, em maior ou menor escala, as ações dos professores de ensino superior.

É importante citar que, ao mesmo tempo em que a educação brasileira foi fortemente marcada pelas concepções tradicional, nova e tecnicista – que foram hegemônicas [m] numa determinada época – também foi influenciada, embora de maneira menos decisiva, pelas contribuições de autores que tomaram como referência não o olhar positivista [m] e liberal [m], mas sim o materialismo histórico [m]. Estes autores, baseados na crítica à sociedade capitalista, propuseram reflexões sobre o papel das instituições de ensino na manutenção na transformação do *status quo* [m].

Estas concepções receberam a alcunha de críticas, pois estão "baseadas na certeza de que a escola é condicionada pela sociedade, mas que, contraditoriamente existe nela um espaço que aponta a possibilidade de transformação social." (Gazim et al., 2005, p. 49). Dentre elas, embora nunca tenham se tornado hegemônicas, duas foram – e continuam sendo – as que, no passado mais recente, atingiram maior número de professores: a pedagogia libertadora, cujo principal autor é Paulo Freire; e a pedagogia histórico-crítica, que tem em Dermeval Saviani seu principal autor.

Estas duas propostas têm em comum a preocupação com a educação de qualidade, significativa e para todos, e sustentam que a educação tem uma finalidade sociopolítica: pode tanto contribuir para a adaptação das pessoas ao mundo que aí está, quanto pode ser um dos elementos que contribuem para a transformação da sociedade rumo a uma maior justiça social.

A pedagogia libertadora surgiu a partir dos movimentos de educação popular encabeçados por Paulo Freire nos anos de 1950 e de 1960 e tem como pressuposto que "o fundamental na educação é que os educandos se reconheçam enquanto sujeitos histórico-sociais, capazes de transformar a realidade" (Gazim et al., 2005, p. 49). Para alcançar essa condição de emancipação do sujeito, Freire defende a eliminação da relação de autoridade e propõe uma educação problematizadora [m], conscientizadora, na qual educador e educando são companheiros, ambos sujeitos em busca do conhecimento.

Esta linha pedagógica tinha como foco a educação popular, todavia, Paulo Freire é um autor de renome na educação e suas ideias se difundiram principalmente nos cursos de formação de professores. Vale reforçar que Freire não tinha a mesma posição não diretivista da escola nova, e sim, compreendia a posição do educador como alguém "que se ausenta [...] mas permanece vigilante para assegurar ao grupo um espaço humano para 'dizer sua palavra', para se exprimir sem se neutralizar" (Libâneo, 1990, p. 35). Esta nuance, no entanto, foi pouco compreendida e acabou reforçando, erroneamente, a ideia de a autoridade ser algo nefasto na relação pedagógica.

Vasconcellos (2000a, p. 40, grifo do original), que avança nas discussões em defesa da pedagogia libertadora, afirma que "é preciso ter consciência de que **estamos numa grande luta**: a luta contra a brutalização, a alienação, a destruição do homem. Não podemos esquecer isto e reduzir o problema apenas à relação professor-aluno, aluno-escola". O autor entende a relação professor-aluno como um espaço de construção coletiva, em que ambos, mediados pelo conhecimento, avançam no domínio e ampliação dos conhecimentos. Nessa perspectiva, Vasconcellos (2000a, p. 43) ressalta que "à participação alienada e passiva, devemos, pois, opor a participação consciente e interativa, numa coletividade organizada".

A pedagogia histórico-crítica, por sua vez, compreende a instituição de ensino como espaço social responsável pela difusão e socialização do saber a todas as pessoas. Portanto, há uma clara articulação entre o ato pedagógico e o ato político, entendendo que a educação de qualidade e para todos pode contribuir para a transformação das relações sociais injustas. Ainda, trata o conhecimento como resultado das conquistas de humanidade no decorrer dos séculos, registradas em forma de ciência, filosofia, arte. Há, portanto, um saber objetivo a ser apreendido pelo estudante mediante uma ação pedagógica organizada, planejada, intencional.

O professor é a "autoridade competente, direciona o processo pedagógico, interfere a cria condições necessárias à apropriação do conhecimento" (Gazim et al., 2005, p. 51). Ele é um mediador entre os alunos e o conhecimento, sendo responsável por planejar as sequências pedagógicas e direcionar as atividades em sala, tendo em mente o nível de conhecimento que os alunos já têm sobre o tema e sempre estabelecendo relações com a prática social. Caberá ao professor promover situações pedagógicas em que, adequado aos diferentes níveis de ensino, o aluno, por meio do acesso ao saber científico, supere o senso comum e avance na sua escolaridade, não apenas cronologicamente, mas no aperfeiçoamento de seu potencial humano social, afetivo e intelectual.

Ao aluno cabe o papel de sujeito ativo de seu próprio processo de conhecimento, que, em relação aos demais estudantes, ao professor e à realidade, procura assimilar os conhecimentos necessários para a compreensão do real e mesmo para a sua superação. A participação ativa nas aulas, o estudo autônomo e a realização das atividades propostas pelo professor, fazem parte de suas atribuições em busca da aprendizagem. Podemos perceber que nesta concepção o foco não é nem no professor, nem no aluno, e sim na relação destes dois sujeitos com o conhecimento. Embora educador e educandos sejam sujeitos ativos, o papel de cada um é diferente e a relação entre eles tem um objetivo específico: promover a aprendizagem.

Concluindo, é importante destacar que as concepções não se realizam de forma estanque em cada período histórico, mas há dimensões que se alteram e se mesclam em diferentes épocas. Embora as concepções de homem e sociedade sejam distintas e indiquem caminhos distintos, na realidade escolar, procedimentos, métodos, assim como as relações interpessoais, alternam suas formas de se realizar no cotidiano escolar.

Síntese

Neste capítulo refletimos sobre o contexto histórico no qual surgiu a escola na sociedade moderna da forma como conhecemos hoje. Intrínseco a esse contexto, foi possível entender como as diversas teorias pedagógicas influenciaram a compreensão que professores e alunos têm hoje sobre a relação estabelecida entre eles e também entre o conhecimento no ambiente universitário. Exploramos o fato de que mesmo as concepções pedagógicas mais antigas estão presentes dirigindo a ação de professores e alunos na atualidade e defendemos a necessária superação dialética dessas influências rumo à construção de uma concepção e de uma prática na relação professor-aluno-conhecimento no ensino superior, tema que abordaremos no próximo capítulo.

Indicações culturais

Site

LIBERTAD - CENTRO DE PESQUISA, FORMAÇÃO E ASSESSORIA PEDAGÓGICA. Disponível em: <http://www.celsovasconcellos.com.br/>. Acesso em: 12 nov. 2009.

> Neste site, que pertence ao doutor Celso Vasconcellos, educador e autor de várias obras, você vai encontrar diversos textos sobre a educação numa perspectiva humanizadora.

Filme

SOCIEDADE dos poetas mortos. Direção: Peter Weir. Produção: Steven Haft, Paul Junger Witt e Tony Thomas. EUA: Buena Vista Pictures, 1989. 128 min.

> O filme Sociedade dos poetas mortos apresenta uma escola na qual a disciplina era imposta de maneira autoritária e não significativa, dificultando, inclusive, uma relação produtiva com o conhecimento. Nesta obra, um professor novo na escola usa uma metodologia diferente, interativa, que promove a alegria dos alunos no ambiente de sala de aula, aprendendo os mesmos conteúdos, mas de maneira expressiva.

Atividades de Autoavaliação

1. A pedagogia da escola nova não atingiu diretamente o ensino superior, mas trouxe consequências também para esse nível de ensino. Leia as afirmações a seguir e assinale apenas alternativas que expõem corretamente essas consequências:
   a) Ocorreu um afrouxamento da disciplina ao se compreender o aluno e seus interesses como centro do processo educativo.
   b) Nesta concepção, a subjetividade de professores e alunos não foi considerada, o que incentivou a ênfase na formação de mão de

obra adequada aos desígnios do mercado de trabalho.
c) Atividades como seminário, trabalhos em grupos, dinâmicas e jogos passaram a fazer parte da metodologia de ensino, trazendo uma relação mais horizontal entre professores e alunos.
d) A escola nova propõe o conhecimento acumulado pela humanidade como centro do processo de ensino e por isso é considerada, ainda hoje, a mais adequada ao ensino superior.

2. Paulo Freire foi um grande educador brasileiro. Leia as afirmações e assinale a única que expõe corretamente a compreensão dele acerca da relação entre professor, aluno e conhecimento:
   a) Defendia a eliminação da relação de autoridade e propunha uma educação problematizadora, conscientizadora, na qual educador e educando são companheiros, ambos sujeitos em busca do conhecimento.
   b) Entendia o professor como autoridade competente, que direciona o processo pedagógico, interfere e cria condições necessárias à apropriação do conhecimento.
   c) Afirmava que não é necessária a relação intersubjetiva entre professor e aluno e o saber a ser transmitido é aquele que será útil para as pessoas serem capazes de se adaptar com mais facilidade à sociedade.
   d) Acreditava que cada aluno, a partir do conhecimento que já tem, em relação direta com o objeto de conhecimento, constrói seu próprio conhecimento que é, de certo modo, único. A interferência do educador seria, portanto, perigosa.

3. Na perspectiva defendida por Vasconcellos (2000a, 2000b) a disciplina em sala é um fator determinante para o sucesso da aprendizagem. Assinale a alternativa que está coerente com essa afirmação:
   a) Atualmente a adolescência vem se prolongando cada vez mais e os alunos chegam ao ensino superior sem autonomia. Por isso, cabe ao

professor a tarefa de, autoritariamente, manter a disciplina em sala.
b) Ao invés de desejar uma participação alienada e passiva, devemos incentivar a participação consciente e interativa dos estudantes, numa coletividade organizada.
c) Disciplina no ensino superior é responsabilidade de cada estudante e deve ser incentivada, mas jamais exigida pelo professor sob o risco de perder o respeito dos alunos.
d) A participação em sala é de grande importância, pois direciona o professor no sentido de se adaptar aos interesses e necessidades dos alunos.

4. No decorrer do capítulo afirmamos que a escola muda de acordo com a sociedade na qual está inserida, refletindo as relações de poder existentes nesta mesma sociedade. Em relação a essa afirmação, assinale as alternativas corretas:
a) Nas sociedades primitivas, o saber era aberto a todos, mas, à medida que as sociedades vão se tornando mais complexas, ele se torna patrimônio e privilégio da classe dominante.
b) As relações que se estabelecem na escola são influenciadas pela organização material da sociedade na qual ela se insere.
c) Em todas as sociedades, indiferentemente da organização material, a educação está centrada na igualdade essencial entre os homens.
d) A sociedade capitalista é a mais avançada e justa que já se constituiu e, neste modo de organização, a relação professor-aluno é vista como um espaço de construção coletiva dos conhecimentos.

5. As propostas educativas que pretendem contribuir para a humanização dos seres humanos defendem que precisamos lutar contra a brutalização e a alienação do homem. Assinale as alternativas que completam corretamente o raciocínio exposto:

a) É preciso superar a participação alienada e passiva dos alunos em sala, lutando por uma participação consciente e interativa, com o objetivo de favorecer a aprendizagem.

b) Nessa perspectiva, o professor é um mediador entre os alunos e o conhecimento, deve planejar as sequências pedagógicas, direcionar as atividades em sala, tendo em conta o nível de conhecimento que seus alunos já têm sobre o tema e sempre estabelecendo relações com a prática social.

c) Nesta concepção, a relação professor-aluno-conhecimento deve ter como base a exposição oral, elemento central para que a transmissão do conteúdo realmente se efetive.

d) Cabe ao aluno o papel de sujeito ativo de seu próprio processo de conhecimento, que, em relação com os demais estudantes, com o professor e com a realidade, procura assimilar os conhecimentos necessários para a compreensão do real e mesmo para a sua superação.

Atividades de Aprendizagem

Questões para Reflexão

1. Com base no conteúdo explorado neste capítulo, escreva um pequeno texto sintetizando como deveria ser a relação professor-aluno com o objetivo de propiciar a emancipação e não a alienação das pessoas.

2. A partir do estudo do capítulo, apresente duas propostas de trabalho pedagógico que possibilitem ao docente avançar na qualidade das relações interpessoais em sala de aula, mediadas pelo conhecimento.

Atividades Aplicadas: Prática

1. Com base em sua vivência como aluno de ensino superior, descreva a prática de um professor que o marcou positivamente. A seguir, relacione o modo como este professor estabelecia as relações interpessoais em sala com o conteúdo trabalhado neste capítulo.

2. Do mesmo modo, descreva a prática de um professor que o marcou negativamente e relacione o modo como este professor estabelecia as relações interpessoais em sala com o conteúdo trabalhado neste capítulo.

Capítulo 2

A sociedade atual, o papel do ensino superior e a relação professor-aluno-conhecimento

No capítulo anterior foi possível acompanhar as mudanças ocorridas na constituição da escola, inclusive do ensino superior, e observar que o modo como compreendemos a relação entre professor e aluno, permeados pelo conhecimento, foi construído historicamente. Agora, cabe refletirmos sobre a realidade atual: as novas demandas de formação profissional e a exigência de formarmos, além de profissionais, cidadãos capazes de contribuírem para a preservação da vida sobre o planeta.

Portanto, este capítulo vai tratar não só dessas questões, como também vai apontar as mudanças ocorridas a partir da segunda metade do século

XX, as consequências delas na organização da vida em sociedade e os reflexos desse processo na educação superior. A partir desse período, as certezas e os modos de agir e pensar que estavam consolidados nos moldes do paradigma da modernidade foram fortemente abalados por uma série de fatores, brevemente explorados a seguir.

Podemos compreender a **modernidade** como modo de ser e pensar que toma a ciência e a razão como elementos centrais para a explicação do mundo. A ciência, forma mais elaborada de busca do conhecimento, portanto, transforma-se em ferramenta privilegiada não só para explicar a natureza, como também para dominá-la a partir das necessidades e interesses humanos. A partir dessa compreensão, a aplicação da ciência – tecnologia – é fonte de progresso, que deve ser buscado por todas as sociedades e indivíduos. Do ponto de vista da economia, o liberalismo [1] é o modelo mais adequado a essa compreensão de mundo, pois "defende o livre mercado e, portanto, a não intervenção do Estado nos negócios" (Aranha, 1996, p. 47). Ao Estado cabe o papel de representação dos interesses da maioria, opondo-se ao desrespeito aos direitos individuais.

Apesar dos ideais de igualdade, liberdade e progresso defendidos neste período, o uso intensivo da ciência e da tecnologia trouxe um acelerado desenvolvimento industrial e suas consequências, tais como o crescimento das cidades e dos problemas acarretados com essa transformação. Gounet, citado por Suhr (2008, p. 67), afirma que, neste período, a organização da produção, que mais tarde recebeu o nome de taylorismo-fordismo,

> se organizava a partir de grandes unidades fabris, que se estruturavam de forma a produzir em grande escala, bens padronizados para o consumo em massa. A base técnica da produção era eletro-mecânica. A divisão entre trabalho manual e intelectual era rígida, cabendo aos operários a reprodução de tarefas fragmentadas e padronizadas. A

gestão do trabalho era caracterizada por rígida divisão de autoridade e responsabilidade, hierarquia verticalizada e centralização das funções de decisão.

As condições descritas trouxeram um nível crescente de desigualdade social. Iniciaram-se vários movimentos que questionavam a estrutura social e produtiva vigente. Nesse sentido, Aranha (1996, p. 164) afirma que

no século XIX [...] é cruel o contraste entre riqueza e pobreza, e a jornada de trabalho de catorze a dezesseis horas, inclusive com o uso de mão de obra infantil e feminina com salários muito baixos, leva a classe dos proletários a se organizar em sindicatos. Surgem também as teorias socialistas e anarquistas que denunciam as contradições do sistema.

Para enfrentar tais conflitos e evitar o crescimento dos ideais socialistas, o liberalismo se adapta e tem origem o que recebeu o nome de *Estado de bem-estar social*. Trata-se de uma maior intervenção do Estado com o objetivo de proteger o trabalhador, gerando políticas públicas de cunho social tais como a aposentadoria, definição de direitos trabalhistas etc. Apesar das mudanças na ação do Estado, a concepção de ciência como elemento privilegiado para explicação e domínio da natureza ainda continua inabalada.

A partir dos anos de 1960, o Estado de bem-estar social também entra em crise, devido, principalmente, ao aumento do déficit público e à inflação crescente. Na década de 1990 começam a surgir os primeiros indicativos de mudança de rota na forma de gestão pública, buscando retirar o Estado das funções que tinha assumido no decorrer do período anterior. Segundo os defensores dessa concepção – o neoliberalismo –, o Estado deveria voltar a ser "mínimo" nas questões sociais, pois sua tutela sobre a camada mais pobre da população estaria dificultando o desenvolvimento individual de cada pessoa e, consequentemente, da nação.

É possível apontar a existência de uma clara relação das mudanças no papel do Estado com o desenvolvimento acelerado da ciência e da tecnologia, principalmente de base microeletrônica. Torna-se possível, de modo jamais visto, a substituição do trabalho humano por máquinas e robôs, a comunicação e a transmissão de dados diuturnamente de um a outro canto do planeta, a circulação de valores ao redor do mundo em tempo recorde, a pulverização da produção em vários países de acordo com as condições mais favoráveis etc. Este modo de produzir os bens necessários à vida em sociedade recebeu o nome de *produção flexível* ou *toyotismo*.

Novamente buscamos em Gounet a explicação para esta "nova" forma de organização da produção. Para esse autor, citado por Suhr (2008, p. 67, grifo do original),

> *o toyotismo se configura como opção ao fordismo [...] é* "um sistema de organização da produção baseado em uma resposta imediata às variações da demanda e que exige, portanto, uma organização flexível do trabalho (inclusive dos trabalhadores) e integrada". *Tem como características a produção de pequenos lotes de produtos variados, buscando atender a diferentes nichos de mercado.*
>
> *[...]*
>
> *como a produção passa a ser puxada pela demanda, é necessário adaptar as máquinas e todo o processo de produção rapidamente. Mas isso só é possível graças à base microeletrônica das máquinas e à nova cultura laboral que se institui nessas fábricas. A multiespecialização e a multifuncionalidade do operário passam a ser desejadas, a divisão entre trabalho manual e intelectual tende a ser gradualmente eliminada e a divisão do trabalho se dá em células e grupos de trabalho, eliminando grande parte das camadas médias, representadas por gerentes, supervisores etc. O controle do processo se dá durante a produção e é*

internalizada em cada operário, pois cada grupo/célula de produção é cliente *da anterior e* fornecedor *da próxima. Completam o quadro, a subcontratação e a terceirização, estratégias usadas para eliminar da fábrica as funções* menos vitais.

Além das mudanças na organização da produção, o risco do crescimento do socialismo deixa de existir a partir da derrocada do socialismo real. Estes fatores enfraqueceram a luta dos trabalhadores por melhores condições de trabalho e vida e permitiram que o Estado fosse se ausentando cada vez mais do papel de assegurar vida digna aos cidadãos, que passa a ser vista como conquista do próprio trabalhador.

Ao mesmo tempo em que ocorrem estas mudanças no modo de organização social, está em curso uma verdadeira revolução no campo da ciência. Surgem questionamentos sobre o seu papel, que teria se tornado instrumental (a serviço dos interesses dominantes). Ela própria repensa o modelo mecanicista que está relacionado a esse paradigma moderno, de modo que surgem concepções mais holísticas [m] que a designem e que busquem uma compreensão mais totalizante e menos fragmentada do real. As questões ecológicas, os desafios éticos trazidos pelos avanços da ciência, a constatação de que o modelo com base na ciência moderna não tinha melhorado as condições de vida da maioria das populações sobre no mundo, apontam a crise desse paradigma que, segundo os autores pós-modernos, precisa ser urgentemente superado.

Segundo Silva (1999, p. 111), "o pós-modernismo é um movimento intelectual que proclama que estamos vivendo uma nova época histórica, a Pós-Modernidade, radicalmente diferente da anterior, a Modernidade". Não se trata, porém, de um movimento coerente e único, mas sim, de um conjunto de perspectivas que têm em comum apenas a crítica à Modernidade, ou seja, às ideias de razão, ciência, racionalidade e progresso, que estariam ligadas ao modelo de sociedade injusta, predatória e antiecológica que vivemos.

O pós-modernismo "tem uma desconfiança profunda, antes de mais nada, relativamente às pretensões totalizantes de saber do pensamento moderno [...] que é particularmente adepto das 'grandes narrativas' " (Silva, 1999, p. 112). Ainda, a noção de progresso (impulsionado pela tecnologia) é colocada em xeque como sendo, na verdade, a fonte de muitos dos males da contemporaneidade. Finalmente, a noção de que o ser humano é "racional, livre, autônomo, centrado e soberano" (Silva, 1999, p. 112) também é questionada, pondo-se no lugar a percepção de que o sujeito não é o centro da ação social, e sim, de que seu modo de pensar, agir, sentir, são formados de fora para dentro, pelas instituições tais como a mídia, a escola, o modo de funcionamento da sociedade.

A partir de todos esses questionamentos, o pós-modernismo prefere o subjetivismo [m], as explicações parciais (e não totalizantes) sobre os fenômenos, questiona todas as verdades e valores estabelecidos e defende que as outras formas de saber (tais como o mito, o saber popular etc.) são tão válidas quanto a ciência para a explicação do mundo. Esse **desmonte das certezas** traz o questionamento da autoridade, a eterna sensação de dúvida ante o futuro, a mudança acelerada de valores, crenças e modos de agir.

2.1 O ensino superior hoje: novas demandas e exigências

Não é muito difícil perceber que a realidade descrita, fortemente marcada pela mudança e pela incerteza, traz para o ensino superior alunos bastante diferentes do que nós mesmos fomos nesta etapa de nossa vida. A maioria deles já não aceita a autoridade do professor sem questionar – embora desejem que ela exista, mas de forma compreensiva e dialogada –, tem uma tendência à satisfação imediata de seus desejos e necessidades e uma dificuldade real em postergar o prazer, além de trazer mais dificuldades de leitura e escrita, herdadas do modo como vem se organizando a escola básica a partir das várias e confusas orientações advindas das "teorias inovadoras" e das frequentes mudanças implementadas pelos sistemas de ensino.

Pimenta e Anastasiou (2005) nos lembram que o universo composto por uma sala de aula universitária é, hoje, bastante complexo. Por um lado, parte dos estudantes é muito jovem, em torno dos 17 anos, com experiências de vida bastante diversas daquelas que teve o próprio professor. Por outro, há um número crescente de alunos mais velhos, que somente agora têm acesso ao ensino superior, cujas vivências e expectativas são bastante diversas do primeiro grupo. Somente este fator já aponta para uma grande heterogeneidade presente nas turmas. Apesar dessa diversidade, de modo geral, todos, jovens ou adultos, são alunos trabalhadores – ou em busca de colocação profissional – e dependem da manutenção do posto de trabalho para poderem continuar arcando com os custos do estudo. Tendem a ter tempo limitado para o sono e para o estudo, muitas vezes alimentam-se mal devido à correria que enfrentam no percurso do trabalho à faculdade e, via de regra, buscam este nível de ensino com o objetivo de alcançar uma melhor colocação no mercado de trabalho.

Sem pretender generalizar, podemos apontar hoje uma tendência dos alunos em buscar uma formação utilitária[1], operacional[1] e em ter dificuldades para compreender a necessidade de ampliação da visão de mundo. Ainda, segundo as mesmas autoras, contribui para essa expectativa utilitária o modo como se organiza parte dos cursos de ensino médio, principalmente no chamado "terceirão" ou nos cursinhos, em que os professores tendem a priorizar a memorização de dados e fórmulas e nem sempre construir, junto com o aluno, o processo de compreensão do raciocínio que estas fórmulas ou dados sintetizam.

Soma-se a isso a situação da educação básica, que tem sido incapaz de oferecer educação de qualidade para todos. Não nos cabe neste momento entrar na discussão sobre os fatores que levam a essa situação, mas precisamos reconhecer que os alunos de ensino superior vêm apresentando dificuldades em leitura e escrita, cálculo, análise e resolução de problemas, interpretação de textos (inclusive enunciados), o que dificulta a compreensão e a aprendizagem dos conteúdos específicos do curso.

A tendência de alguns docentes é deixar a responsabilidade por estes fatores para a educação básica ou para o próprio aluno, eximindo a si mesmos e ao ensino superior de lidar com estas dificuldades.

Caberia perguntar por que o ensino superior não tem conseguido acolher e atender aos alunos que o procuram e oferecer formação profissional e cidadã sem excluir aqueles que fogem do padrão esperado para este nível de ensino. Um dos elementos explicativos é a constituição histórica da universidade no Brasil, que durante muito tempo atendeu apenas às elites que dispunham das melhores condições de tempo, acesso à cultura etc. para se adaptarem às exigências. Outro fator é que as instituições de ensino superior também são instigadas a mudarem seu papel, passando a atender prioritariamente os desígnios do mercado, em cursos cada vez mais curtos e operacionais, nos quais dificilmente há tempo disponível para conhecer, ouvir, acolher o aluno e ajudá-lo a superar as dificuldades iniciais.

Dada a pressão do mercado, o que antes se compreendia como ensino superior – momento de aprender a lidar com a teoria como ferramenta de compreensão do mundo, inclusive do trabalho, por meio do ensino, da pesquisa e da extensão – tende a ser substituído por orientações (inclusive legais) mais imediatistas e utilitárias. Kuenzer (2002b) chama esse modelo de universidade de "operacional", ou seja, aquela que é premida a abrir mão de desenvolver a pesquisa e que tende a se dedicar somente ao ensino.

Fernandes, já em 1992, apontava esse movimento e afirmava que, ao se ver empurrada a atender demandas cada vez imediatistas, a universidade (principalmente no setor privado) foi se descompromissando com a pesquisa e se voltando prioritariamente ao ensino daquilo que já foi registrado pela ciência e que, deste modo, o desenvolvimento econômico do país ficaria dificultado (Fernandes, 1992). Se a universidade se tornar apenas uma instituição de ensino e deixar de produzir conhecimento novo por meio da pesquisa, a médio e longo prazo o desenvolvimento do setor produtivo como um todo fica cada vez mais dependente de tecnologias vindas do exterior, o que encarece sobremaneira a produção e, portanto, o desenvolvimento econômico autônomo do país.

Quando se referem ao ensino superior, tais autores incluem na discussão os programas de pós-graduação, que são ministrados em prazos cada vez mais curtos, dificultando a formação do pesquisador e também do professor universitário. Como a maioria desses programas não tem abordado a discussão sobre o "ser professor universitário hoje", muitos de nós chegam ao ensino superior tendo por referência aquilo que vivemos enquanto estudantes, padrão este que raramente se adequa à atualidade.

2.2 As relações interpessoais e com o conhecimento na atualidade do ensino superior

É muito comum, hoje, pelos fatores descritos – mudanças nas exigências da produção, no perfil do aluno, expectativas em relação ao ensino superior – que ocorram dificuldades no relacionamento interpessoal de professores e alunos, o que, por consequência, dificulta a realização efetiva do processo de ensino e de aprendizagem.

É preciso alertar que, mesmo que seja apenas para a formação profissional, o desenvolvimento de habilidades interpessoais é de grande importância. No modelo de produção toyotista, já não basta ser reprodutor de ações planejadas por outrem, é preciso ser empreendedor, criativo, ter a capacidade de trabalhar em grupos para solucionar os problemas que porventura apareçam no processo produtivo, enfim, mesmo que fosse numa concepção utilitária – que não é a defendida nessa obra – cabe ao ensino superior continuar o desenvolvimento dessas habilidades, principalmente por meio da relação professor-aluno.

Por isso, defendemos, assim como Pimenta e Anastasiou (2005, p. 162), que o papel do ensino superior é "possibilitar que todos os seres humanos tenham condições de ser partícipes e desfrutadores dos avanços da civilização historicamente construída, e compromissados com a solução dos problemas que essa mesma civilização gerou". Desta forma, o papel do ensino superior ultrapassa a formação profissional no sentido restrito de adaptação às necessidades do mercado e objetiva formar pessoas e profissionais conscientes da realidade, capazes, inclusive, de mudar o atual rumo das coisas. Por isso mesmo o ensino superior exerce, ao mesmo tempo, papel de "antagonismo e de complementaridade" (Pimenta; Anastasiou, 2005, p. 162) em relação à sociedade e ao modo como ela se organiza. Antagonismo, ao favorecer a reflexão crítica sobre os rumos tomados pela ciência, pela economia, pela política etc.; complementaridade, quando forma sujeitos aptos a atuarem de maneira competente nesta mesma sociedade.

Com base no pensamento das autoras, podemos afirmar que o ensino superior tem um papel marcante na formação de sujeitos que compreendam a necessidade de refletir criticamente sobre os valores e modos de agir da atualidade e, a partir daí, possam contribuir para a construção de uma sociedade mais justa e sustentável. A assimilação crítica dos conteúdos (atitudinais, conceituais e procedimentais) é a base para que este objetivo seja alcançado e ela não se dá num ambiente neutro, e sim permeada por relações interpessoais que podem favorecer ou dificultar esse processo.

Síntese

Vimos neste capítulo que a atualidade é marcada pelo questionamento aos valores e certezas advindas da concepção moderna na qual a ciência era soberana, pelas mudanças na produção as quais exigem profissionais mais completos, pelo modelo neoliberal de Estado, pela redução dos direitos do trabalhador, além de ter como grande marca a incerteza ante o futuro. As questões ecológicas, de sustentabilidade do planeta e de uma vida digna para os seres humanos, cada vez mais afligem os pesquisadores e demonstram que, mais do que nunca, o papel do ensino superior é ir além da adequação às exigências impostas pelo mercado de trabalho. É essencial para a atualidade formar, além de profissionais, cidadãos que possam contribuir para que se construam respostas aos desafios da atualidade. Ao mesmo tempo, o alunado que hoje frequenta o ensino superior tem características diferenciadas daquelas que tinha a maioria dos docentes que atualmente atuam neste nível de ensino, o que aponta a necessidade de rever as concepções e expectativas em relação às atitudes, crenças, saberes e posturas dos estudantes. Este será o conteúdo do próximo capítulo.

Indicações culturais

Filmes

TEMPOS modernos. Direção: Charles Chaplin. Produção: Charles Chaplin. EUA: United Artists, 1936. 88 min.
> *Neste filme, você observará claramente a divisão de tarefas e a ênfase no trabalho de base física e não intelectiva que é típica da modernidade e da ciência positivista.*

PONTO de mutação. Direção: Bernt Amadeus Capra. Produção: Klaus Lintschinger. EUA: Atlas, 1990. 112 min.

Este filme aborda a crítica à razão positivista e propõe um novo modo de compreender o mundo, no qual todos os elementos e fenômenos estão interligados.

Artigos

TOMÉ, N. Considerações sobre modernidade, pós-modernidade e globalização nos fundamentos históricos da educação no Contestado. Disponível em: <http://www.achegas.net/numero/quatorze/nilson_thome_14.htm>. Acesso em: 22 dez. 2009.

> A expressão pós-modernidade é usada em diversas situações e permite várias interpretações. No link sugerido, você poderá se informar sobre o que é pós-modernidade, qual a sua relação com a globalização e os reflexos dessa realidade na educação, principalmente na escola pública.

COMPUTADORES: geração pontocom. **Veja**, São Paulo, 2003. Edição Especial. Disponível em: <http://veja.abril.com.br/especiais/jovens_2003/p_084.html>. Acesso em: 22 dez. 2009.

> Este texto apresenta um retrato do modo como o jovem da atualidade se relaciona com a tecnologia, principalmente com a informática, e como esse contato tão próximo vem definindo seu modo de perceber e se relacionar com o mundo e com as pessoas.

O RETRATO de uma geração. **Veja**, São Paulo, jul. 2003. Edição Especial. Disponível em: <http://veja.abril.com.br/especiais/jovens_2003/apresentacao.html>. Acesso em: 22 dez. 2009.

> Em julho de 2003, a revista "Veja" publicou uma edição especial toda dedicada ao perfil dos jovens. Há artigos sobre escolha da profissão, sexualidade, hábitos de consumo, drogas, entre outros. Cada artigo se apoia em pesquisas realizadas com os próprios jovens e permite que o leitor os conheça um pouco melhor e como eles pensam.

A LINGUAGEM dos jovens. **Universia**, 2005. Disponível em: <http://www.universia.com.br/preuniversitario/materia.jsp?materia=6971>. Acesso em: 22 dez. 2009.

> Muitos docentes se referem às dificuldades de escrita dos jovens que frequentam o ensino superior. O texto aborda o "internetês" e o uso exagerado do gerúndio como tendências da atualidade e reflete sobre a mobilidade da língua. Com isso, leva o leitor a refletir sobre o papel da linguagem na sociedade e as diferenças presentes no modo de falar e escrever dos diversos grupos que a compõem.

Atividades de Autoavaliação

1. A concepção *moderna* de mundo tem sido fortemente questionada no presente momento histórico por não ter sido capaz de trazer uma sociedade na qual haja vida digna para todos. Em seu lugar aparece um conjunto de explicações de mundo, que se convencionou chamar de *pós-modernas*. Em relação a esse movimento, identifique as afirmativas verdadeiras:

    I. A pós-modernidade é um conjunto de perspectivas que tem em comum apenas a crítica à Modernidade, ou seja, às ideias de razão, ciência, racionalidade e progresso.

    II. A pós-modernidade tem uma desconfiança profunda das pretensões totalizantes de saber do pensamento moderno e afirma que as grandes teorias são incapazes de explicar o mundo.

    III. A pós-modernidade retoma o papel do ser humano como sendo racional, livre, autônomo, centrado e soberano.

    IV. A pós-modernidade questiona todas as verdades e valores estabelecidos, e defende que as outras formas de saber são tão válidas quanto a ciência para a explicação do mundo.

V. A pós-modernidade propõe uma maior intervenção do Estado na regulação da sociedade com o objetivo de proteger o trabalhador, gerando políticas públicas de cunho social.

VI. A pós-modernidade é um modo de ser e pensar que toma a ciência e a razão como elementos centrais para a explicação do mundo.

São corretas as alternativas:
a) I, III e IV.
b) II, V e VI.
c) I, II e IV.
d) III, IV e V.

2. Com as aceleradas mudanças da atualidade, o ensino superior vem assumindo um papel que Kuenzer (2002b) chama de *universidade operacional*. Analise as alternativas a seguir e assinale aquela que explica corretamente esse conceito:
   a) Universidade operacional é aquela que abre mão da pesquisa e se dedica exclusivamente à formação profissional por meio da atividade de ensino.
   b) Universidade operacional é toda instituição de ensino superior que soube se adaptar à atualidade, melhorando os processos e, com isso, alcançando maior êxito operacional.
   c) Universidade operacional é aquela que não toma como referência as mudanças no modo de ser e pensar dos estudantes de hoje e, por isso mesmo, não consegue sucesso no processo ensino-aprendizagem.
   d) Universidade operacional é a que "possibilita a todos os seres humanos a condição de serem partícipes e desfrutadores dos avanços da civilização historicamente construída e compromissados com a solução dos problemas que essa mesma civilização gerou" (Pimenta; Anastasiou, 2005).

3. Pimenta e Anastasiou (2005) afirmam que o papel do ensino superior é, ao mesmo tempo, de antagonismo e complementaridade em relação à sociedade. Assinale a alternativa que explica corretamente essas duas funções do ensino superior:
   a) Complementaridade significa atender às necessidades do capitalismo neste início de século e antagonismo é compreender as dificuldades dos alunos em se adaptarem e contribuir para que isso ocorra.
   b) Complementaridade significa que o ensino superior prepara as pessoas que a sociedade necessita numa determinada época histórica e antagonismo é favorecer a reflexão crítica sobre os rumos tomados por esta mesma sociedade.
   c) Complementaridade é contribuir para a construção de uma sociedade mais justa e sustentável por meio da formação dos profissionais demandados pelo mercado. Antagonismo é questionar todas as verdades e valores estabelecidos, mostrando que as outras formas de saber são tão válidas quanto a ciência para a explicação do mundo.
   d) Complementaridade é a relação que deve ser estabelecida entre ensino, pesquisa e extensão no ensino superior. Antagonismo é compreender que há grandes conflitos entre os interesses dos alunos mais novos e mais velhos a as dificuldades que isso traz para o ensino.

4. Com relação aos trechos lidos neste capítulo, identifique as alternativas verdadeiras:
   I. Os professores precisam rever as concepções e expectativas em relação às atitudes, crenças, saberes e posturas dos estudantes.
   II. O papel do ensino superior é ir além da adequação às exigências impostas pelo mercado de trabalho, formando profissionais e ci-

dadãos que possam contribuir para que se construam respostas aos desafios da atualidade.

III. As relações interpessoais precisam ser trabalhadas no ensino superior apenas porque o mercado de trabalho as exige.

IV. A multiespecialização e a multifuncionalidade do operário passam a ser desejadas, a divisão entre trabalho manual e intelectual tende a ser gradualmente eliminada, o que elimina a necessidade de levar em conta as relações interpessoais no ensino superior.

V. Os alunos de ensino superior hoje compõem um grupo bastante heterogêneo, com expectativas, valores e saberes diferenciados que, geralmente, tem em comum o fato de serem trabalhadores.

Estão corretas as alternativas:
a) III, IV e V.
b) I, II e III.
c) III, IV e V.
d) I, II e V.

5. Assinale a alternativa que explica adequadamente o conceito de modernidade:
   a) Modernidade é um modo de ser e pensar que toma a ciência e a razão como elementos centrais para a explicação do mundo.
   b) Modernidade se refere às mais recentes descobertas da ciência, independente da época histórica em que elas ocorrem.
   c) Modernidade é uma forma de compreender o mundo como totalidade na qual todos os fenômenos estão interligados, típica deste início de século XXI.
   d) Modernidade é o pensamento típico do século XIX, atualmente já superado, que toma a ciência como forma mais elaborada de busca do conhecimento.

Atividades de Aprendizagem

Questões para Reflexão

1. Defendemos que o papel do ensino superior não é, somente, o da preparação de mão de obra adequada ao mercado de trabalho, e sim a formação de seres humanos. Qual a sua posição em relação a isso? Quais argumentos você poderia apontar para fundamentar sua posição?

2. Vimos neste capítulo que a atualidade é marcada pelo questionamento aos valores e às certezas. Que razões podem ser apontadas para esta "crise de certezas"?

Atividades Aplicadas: Prática

1. Exploramos neste capítulo as mudanças ocorridas nas últimas décadas e como elas mudam tanto as expectativas em relação ao ensino superior quanto o próprio modo de ser dos estudantes. Para perceber claramente essas mudanças, anote algumas diferenças que você mesmo percebe entre sua vida hoje e há dez anos. A seguir, redija um pequeno texto sobre como essas mudanças alteraram as expectativas em relação à educação.

2. Relacione as mudanças na vida em sociedade ocorridas nos últimos anos com a fragilidade do "emprego" no momento atual. A seguir, argumente por que "educar para o mercado de trabalho acaba sendo, a médio prazo, educar para o desemprego".

Capítulo 3

Indicativos para a prática pedagógica no ensino superior na atualidade

Até aqui analisamos a história da educação e a influência das diversas concepções pedagógicas na percepção que alunos e professores têm sobre a construção do conhecimento e o papel de cada um deles nesse processo. Observamos que, com as mudanças na sociedade, na produção, na ciência e na tecnologia, a educação também muda, embora demonstre fortes vestígios de práticas e concepções vindas de outros tempos. Ou seja, podemos afirmar que não há procedimentos exclusivos advindos de uma determinada abordagem pedagógica sem que esta não esteja permeada por aspectos das tendências anteriores.

Neste capítulo apontaremos alguns indicativos para orientar a prática pedagógica no ensino superior no sentido de favorecer uma relação professor-aluno que tenha como objetivo a apropriação viva e significativa dos conteúdos (conceituais, procedimentais e atitudinais) pelo estudante.

O papel da universidade, atualmente, precisa estar claro para que se compreenda a dimensão das relações em seu espaço, assim como o significado dos conteúdos e de sua "realização" nas salas de aula. Esse desvelamento permitirá o entendimento da identidade do ensino superior hoje e consequentemente, das expectativas que gera na sociedade contemporânea. Segundo Pimenta e Anastasiou (2005), são as seguintes ações que orientam a docência no ensino superior:

a) Pressupor o domínio de um conjunto de conhecimentos, métodos e técnicas científicas que devem ser ensinados criticamente (isto é, em seus nexos com a produção social e histórica da sociedade); a condução a uma progressiva autonomia do aluno na busca de conhecimentos; o desenvolvimento da capacidade de reflexão; a habilidade de usar documentação; o domínio científico e profissional do campo específico;

b) Considerar o processo de ensinar e aprender como atividade integrada à investigação;

c) Propor a substituição do ensino que se limita à transmissão de conteúdos teóricos por um ensino que constitua um processo de investigação do conhecimento;

d) Integrar atividades de investigação à atividade de ensinar do professor, o que supõe o trabalho em equipe;

e) Buscar criar e recriar situações de aprendizagem;

f) Valorizar a avaliação diagnóstica e compreensiva de atividade mais do que a avaliação como controle;

g) Procurar conhecer o universo cognitivo e cultural dos alunos e, com base nisso, desenvolver processos de ensino e aprendizagem interativos e participativos.

Este posicionamento frente ao tema não é necessário apenas por critérios pedagógicos, mas pela constatação de que, principalmente a partir da segunda metade do século XX, temos sido atropelados por uma avalanche de mudanças que demandam do ensino superior (e do profissional que ele forma) uma nova postura.

Somam-se a isso as mudanças na constituição e nos objetivos do ensino superior, trazidas pelas transformações no mundo do trabalho. Segundo Kuenzer (2001), o curso superior deixou de ser, ao mesmo tempo, formação inicial e final, como era no período de organização taylorista-fordista de produção no qual havia pouca dinamicidade do ponto de vista das mudanças científico-tecnológicas. Atualmente, sob o paradigma da produção flexível, a dinamicidade que o desenvolvimento científico-tecnológico imprime aos processos produtivos e sociais muda radicalmente as demandas de formação profissional. Exige-se cada vez mais o

> *desenvolvimento de competências cognitivas superiores e de relacionamento, tais como análise, síntese, estabelecimento de relações, criação de soluções inovadoras, rapidez de resposta, comunicação clara e precisa, interpretação e uso de diferentes formas de linguagem, capacidade para trabalhar em grupo, gerenciar processos para atingir metas, trabalhar com prioridades, avaliar, lidar com as diferenças, enfrentar os desafios das mudanças permanentes, resistir a pressões, desenvolver o raciocínio lógico-formal aliado à intuição criadora, buscar aprender permanentemente, e assim por diante.* (Kuenzer, 2001, p. 18)

Assim, as formas "de fazer" típicas de alguns anos atrás já não cabem mais. É necessário incentivar os estudantes a desenvolverem a "capacidade de usar o conhecimento científico de todas as áreas para resolver problemas novos de maneira original, o que implica o domínio não só de conteúdos, mas dos caminhos metodológicos e das formas de trabalho intelectual multidisciplinar" (Kuenzer, 2001, p. 18).

Corroboramos as ideias de Kuenzer e Zabalza, citados por Isaia (2006, p. 66), "quando se busca entender a docência do ensino superior e o papel dos docentes, é necessário levar em consideração as transformações pelas quais o cenário universitário está passando, em razão das mudanças do mundo contemporâneo".

Entre as transformações mais significativas nas últimas décadas, os autores são unânimes em citar a reorganização do mundo do trabalho segundo os princípios do modelo neoliberal, que interfere diretamente na organização pedagógica e, mais ainda, na político-administrativa da educação como um todo e também do ensino superior. Outro aspecto a destacar é a expansão das vagas, implementadas por políticas públicas de incentivo ao crescimento no mercado desse nível de ensino, e, por fim, as "novas demandas que a sociedade impõe à universidade", o que a coloca, como cita Isaia (2006, p. 66), "sujeita aos mesmos processos e às mesmas incertezas do âmbito político, econômico ou cultural que afetam todas as instituições sociais".

Nessa perspectiva, acrescenta Masetto (2003, p. 14),

> O ensino superior percebe a necessidade de se abrir para o diálogo com outras fontes de produção de conhecimento e de pesquisa, e os professores já se reconhecem como não mais os únicos detentores do saber a ser transmitido, mas como um dos parceiros a quem compete compartilhar seus conhecimentos com outros e mesmo aprender com outros, inclusive com seus próprios alunos. É um novo mundo, uma nova atitude, uma nova perspectiva na relação entre o professor e o aluno no ensino superior.

Nesta realidade, exige-se do professor de ensino superior o aprofundamento em três dimensões fundantes, apontadas por Severino

(1991): a dos **conteúdos**, a das **habilidades didáticas** e a das **relações situacionais**. É preciso dominar o saber específico da área científica que leciona, as habilidades didáticas necessárias ao processo ensino-aprendizagem e as habilidades relacionais, já que a educação é um processo dialógico.

3.1 O domínio dos conteúdos

Iniciemos caracterizando o que é compreendido como **conteúdo**, ou seja, o que entendemos por **conhecimento**. Os conteúdos são as formas culturais consideradas essenciais numa determinada época para a vida em sociedade e, no caso do ensino superior, para o exercício de determinada profissão. Não se trata, apenas, do ensino de conceitos, embora estes continuem sendo essenciais. É preciso também ensinar e desenvolver procedimentos e atitudes, elementos que anteriormente não eram considerados objeto do trabalho pedagógico no ensino superior.

Zabala (1998) apoia-se em Cesar Coll para afirmar que os conteúdos conceituais são aqueles relacionados aos conceitos necessários para a compreensão e ressignificação do real. São, por exemplo, fatos, acontecimentos, dados, nomes e códigos. Eles tendem a ser mais abstratos e sua aprendizagem demanda compreensão, reflexão, análise, comparação. Para isso, é necessário uma ação mental do sujeito que aprende sobre o objeto a ser conhecido, sempre mediada pelo professor.

Segundo o mesmo autor, os conteúdos procedimentais são aqueles que implicam uma ordenação de ações para atingir uma meta, tais como técnicas, métodos, procedimentos de ação. São saberes que implicam em um outro tipo de relação de ensino-aprendizagem: é preciso fazer, praticar. Neste caso, a relação que se estabelece com o saber é diferente do que acontece com os conceitos e isso implica em outra forma de relação professor-aluno.

Finalmente, ainda segundo Zabala (1998), os conteúdos atitudinais estão presentes nas atitudes e posturas éticas, como por exemplo, a cooperação, a solidariedade, o gosto pela leitura, o respeito à ética profissional. Embora parte dos docentes não dê o devido valor à dimensão atitudinal, é também no ensino superior que ela pode ser desenvolvida.

Nesse nível de ensino, "a aquisição do conhecimento [intencionalmente] tem como especificidade o fato de ser dirigida por um professor, a quem cabe a tarefa de organizar as sequências educativas de modo que a aprendizagem se torne significativa." (Suhr, 2008). Porém, o modo de organizar o contato dos estudantes com o conteúdo depende das características dos diversos tipos de conteúdo apontados. Se o objetivo é trabalhar um conceito, a metodologia será uma, diferente da mais adequada para trabalhar procedimentos e/ou atitudes. De qualquer modo, o reconhecimento de que o papel do professor supera a mera transmissão de conceitos indica a presença de uma relação com o saber e com os estudantes na qual já não cabe mais na mera aula expositiva na qual o aluno assume papel passivo.

Ao abordar a ideia de aprendizagem significativa, Masetto (2003, p. 43) é elucidativo quando destaca que

> Aprendizagem significativa é aquela que envolve o aluno como pessoa, como um todo (ideias sentimentos, culturas, valores, sociedade, profissão). Ela se dá quando: o que se propõe para aprender se relaciona com o universo de conhecimento, experiências e vivências do aprendiz; permite a formulação de perguntas e questões que de algum modo o interessem e o envolvam ou lhe digam respeito; lhe permite entrar em confronto experimental com problemas práticos de natureza ética, profissional que lhe são relevantes; permite e ajuda a transferir o aprendizado na universidade para outras circunstâncias da vida; suscita modificações no comportamento e até mesmo na responsabilidade do aprendiz. .

A competência pedagógica do docente lhe dará subsídios para estabelecer um viés entre os conceitos imprescindíveis às respectivas áreas do conhecimento e o significado atribuído aos mesmos no processo de aprendizagem do aluno. Como afirma Snyders (1988, p. 14), "na escola, trata-se de conhecer alegrias diferentes que as da vida diária; coisas que sacodem, interpelam a partir do que os alunos mudarão algo em sua vida".

A seguir, trataremos, embora que de forma breve, das **habilidades didáticas** e dos saberes que precisam ser apreendidos para ser professor, tais como as habilidades de planejar as sequências didáticas, de utilizar diversas técnicas de ensino, de promover atividades significativas, de avaliar a aprendizagem de modo coerente, dentre outras.

3.2 O domínio das habilidades didáticas

Como parte considerável dos professores universitários é oriunda de "programas de pós-graduação que se voltam para a formação de pesquisadores em seus campos específicos e sem exigência quanto à formação pedagógica" (Veiga, 2006, p. 90), os conhecimentos específicos para a docência muitas vezes são desconsiderados. Reforçamos o que Isaia (2006, p. 65) aponta como um dos desafios significativos do ensino superior, que é a "efetiva aplicação da transposição didática[1] à prática educativa dos professores."

Essa constatação reforça a necessidade da formação continuada e aponta a dificuldade que alguns docentes encontram em realizar a transposição dos conteúdos específicos de sua área para uma linguagem e uma organização que seja apreendida pelos estudantes.

Os professores do ensino superior, em algumas situações da docência, não conseguem adequar didaticamente estudos, pesquisas e aprofundamentos científicos à realidade e exigências das salas de aula. Não se defende, obviamente, a minimização de discussões e abordagens teóricas, privando o aluno do direito ao conhecimento que lhe é devido pela escola, mas indica-se, sim, que os docentes busquem recursos, estratégias e procedimentos adequados que possibilitem uma "ponte" entre o conhecimento científico e o "desejo de" domínio dos mesmos. Como afirma Masetto (2003, p. 48), "a forma de apresentar e tratar um conteúdo ou tema é o que de fato ajuda o aprendiz a coletar informações, relacioná-las, organizá-las, manipulá-las, discuti-las e debatê-las com os colegas, com os professores e outras pessoas".

Dando continuidade às análises sobre as dimensões essenciais na constituição do docente universitário, abordaremos as relações situacionais, terceiro elemento apontado por Severino (1991) para o sucesso da profissão docente.

3.3 O domínio das relações situacionais

As **relações situacionais** são aquelas que se instituem no processo ensino-aprendizagem relacionadas ao perfil do aluno, da turma, da instituição, do curso, e das características do próprio professor. Segundo o autor, elas compõem tudo o que diz respeito ao relacionamento que se estabelece entre professor e aluno, enquanto sujeitos envolvidos no processo educacional. A fecundidade e o êxito do trabalho docente "dependem diretamente do adequado conhecimento dos sujeitos educandos que interagirão com ele" (Severino, 2004, p. 20).

O estabelecimento de relações respeitosas em sala de aula, de modo que professor e alunos se sintam aceitos, valorizados, acolhidos e, ao mesmo tempo, instigados e desafiados, amplia sobremaneira as possibilidades de sucesso da aprendizagem. É importante, no entanto, ter bem claro que as relações que se estabelecem em sala de aula tem uma especificidade, um objetivo: promover a aprendizagem. Por isso, não se trata do simples estabelecimento de uma amizade entre professor e alunos, mas sim, de formas de relacionamento entre estes agentes de modo a favorecer a aprendizagem. Uma relação dialógica, ética e responsavelmente construída entre as partes promove um ambiente estimulante para ocorrer o ato educativo.

Severino (2004) aponta a necessidade de compreendermos o que realmente significa "conhecer o aluno". Um primeiro aspecto se refere à subjetividade de cada aluno, que é estudada pela Psicologia. Esta ciência "ajuda a todos a conhecerem melhor a si mesmos e aos outros, no sentido de entenderem as suas relações mútuas e suas reações em face de interpelações do grupo" (Severino, 2004, p. 20). O trecho citado aponta que não se trata de conhecer apenas a subjetividade dos alunos, mas de o professor desenvolver o autoconhecimento identificando suas reações, anseios, modos de agir e sentir, os quais intervêm na relação com os alunos.

Precisamos reconhecer que não cabe ao professor o conhecimento aprofundado das questões subjetivas de cada aluno, mas é essencial desenvolver a percepção das reações mais comuns de cada um dentro do universo relacional que é a turma. É neste momento que se apresenta o segundo elemento apontado por Severino: a compreensão de como se estabelecem as relações entre as pessoas, seres humanos, diferenciados de todos os outros seres vivos pelo fato de estarem inseridos numa sociedade histórica. Isso porque

> *na educação, não são estabelecidas apenas relações interpessoais simétricas entre indivíduos, mas relações propriamente sociais, ou seja, relações humanas atravessadas por coeficientes de poder, relações que se expressam como autênticas relações de poder, hierarquizando os indivíduos, relações que tecem e marcam a interação dos mesmos.* (Severino, 2004, p. 21)

Há diferentes grupos dentro da sala, pois os alunos se aproximam e/ou se afastam entre si dirigidos pelos preconceitos, vivências, saberes, afinidade. A ação dos alunos uns em relação aos outros e ao professor se pauta por estas percepções que refletem as relações de poder presentes na sociedade como um todo. A partir dessa constatação, Severino (2004) ressalta a importância dos conhecimentos advindos da sociologia para a formação do professor, de modo a se evitar o equívoco de analisar as ações dos alunos sem perceber os elementos intersubjetivos que as originam.

Nesse processo, cabe ao professor desenvolver competências pedagógicas para, ao trabalhar com o aluno adulto, compreendê-lo igualmente como aprendente. Como coloca Freire (2005, p. 30), "por que não estabelecer uma intimidade entre os saberes curriculares fundamentais aos alunos e a experiência social que eles tem como indivíduos?"

Compreendendo que a subjetividade dos alunos e do professor são construídas no decorrer de suas vivências, podemos apontar a relevância de uma postura crítica por parte do docente, de forma que a compreensão da subjetividade não recaia para uma visão simplista ou facilitadora do ato de ensinar.

Nesse sentido, Masetto (2003, p. 78) afirma que um elemento em comum apontado nas condições caracterizadas como facilitadoras da aprendizagem é "tratar o aluno como adulto, com experiências e conhecimentos próprios e corresponsável pelo seu processo de aprendizagem". Observamos que tal atitude ainda é pouco presente nas salas de aula universitárias e isto, segundo o autor, tende a causar um comportamento passivo e de pouco envolvimento por parte dos estudantes. A partir do texto de Masetto, podemos afirmar que para se aproximar de um encaminhamento do processo ensino-aprendizagem que valorize autonomia do adulto e o uso da experiência pessoal como recurso para aprender, o ensino superior deveria levar em conta alguns elementos, que passaremos a expor.

3.3.1 Compreensão sobre a aprendizagem do adulto e o domínio das relações situacionais

A aprendizagem do adulto está intimamente associada à experiência, seja como profissional, seja na vida pessoal. Isso significa que o modo de compreender determinado conteúdo e, principalmente, a ação do professor e/ou da turma, estão eivadas por vivências prévias que podem influenciar positiva ou negativamente no nível de aprendizagem ou mesmo de motivação do estudante. Os estudantes adultos também apresentam diversos estilos de aprendizagem, aprendem por diferentes caminhos, em diferentes tempos, em direção a diversos objetivos. Alguns utilizam mais a audição e gostam de aulas nas quais o professor discorre sobre determinado tema, outros aprendem melhor vendo e, por isso mesmo, preferem ler o texto, ver a planta, analisar o problema quando ele está escrito.

Além da preferência por um ou outro estilo de aprendizagem, os fatores que levam os estudantes ao ensino superior também são muito variados e vão desde a busca de profissionalização até o cumprimento de metas estabelecidas pela empresa na qual trabalham para permanecerem no cargo, passando pelo desejo de estar entre outros jovens, pelo *status* de estar cursando uma universidade etc.

A partir dessas constatações, podemos afirmar que uma das habilidades que compõe as relações situacionais e que precisa ser desenvolvida pelo professor é a de conhecer melhor seus alunos e, a partir disso, interpretar de maneira mais clara, mais empática e menos preconceituosa as suas manifestações, dúvidas ou posições em classe. Nessa perspectiva de estar aberto a conhecer o outro, Freire (2005, p. 58), em sua singular obra *Pedagogia da Autonomia*, coloca que, "o ideal é que na experiência educativa, educandos, educadoras e educadores, juntos 'convivam' de tal maneira com os saberes que eles vão virando sabedoria".

Retomando Masetto (2003), vemos que, para a aprendizagem acontecer de maneira significativa, o adulto precisa entender o significado de determinado conteúdo. Dito de outro modo, ele gosta de ver as atividades de aprendizagem centradas em problemas, em situações significativas trazidas do dia a dia, do trabalho, da vida em sociedade naquele momento histórico em que vive.

Completa a análise do autor a ideia de que a aprendizagem do adulto é favorecida pela interdisciplinaridade, que pode ser facilitada pela contextualização dos conteúdos a partir de temas significativos. Isso porque o estudante adulto tem a percepção, mesmo que intuitiva, de que nenhum fato da realidade concreta pode ser explicado por uma única ciência ou área de conhecimento que a divisão dos conteúdos em disciplinas, bimestres, módulos etc. É apenas uma organização didática e não o modo como o real se comporta.

Ainda sobre a interdisciplinaridade, podemos afirmar que essa abordagem, se incorporada pelo corpo docente, pode ser de extrema valia no trabalho com os conteúdos em sala de aula. A interação entre os participantes do processo de aprendizagem, como afirma Masetto (2003, p. 47), poderá colaborar efetivamente na organização do trabalho pedagógico, pois

> [os] assuntos podem se complementar, temas poderiam não se repetir, situações e experiências profissionais poderiam ser exploradas conjuntamente, cases estudados com a participação de várias disciplinas, projetos realizados com a participação de várias cadeiras, visitas técnicas preparadas, executadas e debatidas com mais de um professor.

Cabe acrescentar que essa abordagem visa abrir espaços de análise e discussão para a apreensão dos conceitos, tendo por horizonte a relação deles com a realidade, porém respeitando a dimensão epistemológica de cada disciplina.

Por outro lado, quando vivencia um trabalho fragmentado e estritamente pautado na transmissão de conteúdos, em que não se sente partícipe de atividades de aprendizagem significativas, o estudante tende a demonstrar isso de diversas formas, com o descaso, o desrespeito pela turma e pelo professor, a indisciplina etc. Obviamente não estamos afirmando que o clima da sala de aula é fruto somente da metodologia de trabalho do professor e da relação que ele estabelece com os alunos, mas reconhecendo que é um dos fatores intervenientes nesse processo sim, e se constitui no espaço de ação do professor que deseja alterar esse quadro rumo a uma aprendizagem mais significativa e duradoura. Nesse sentido, como coloca Freire (2005, p. 86),

> o bom professor é o que consegue, enquanto fala, trazer o aluno até a intimidade do movimento de seu pensamento. Sua aula é assim um desafio e não uma "cantiga de ninar". Seus alunos cansam, não dormem. Cansam porque acompanham as idas e vindas de seu pensamento, surpreendem suas pausas, suas dúvidas, suas incertezas. [...] é indispensável mesmo, que o professor se ache "repousado" no saber de que a pedra fundamental é a curiosidade do ser humano.

Outro autor, Lowman (2004), refere-se à compreensão da dinâmica da sala de aula como ponto central para que o ensino e aprendizagem ocorram a contento. Apresenta alguns aspectos que influenciam os fenômenos interpessoais em sala de aula, entre os quais cabe citar as atitudes dos estudantes e as atitudes dos professores nesse processo.

3.3.2 As reações do professor e as relações interpessoais

Quanto às atitudes dos alunos, Lowman (2004) comenta que na mesma sala de aula teremos diferentes perfis de alunos. Entre tantos, podemos destacar alguns tipos de alunos que estão presentes nos bancos das universidades: os extremamente disciplinados, porém, que em determinadas situações, são "dependentes" dos encaminhamentos dos professores e possuem dificuldades em construir a almejada a autonomia intelectual; alunos agressivos, que possuem dificuldades pessoais em equilibrar suas posições individuais às interlocuções com o coletivo. Há também alunos que, com atitudes de desinteresse às exigências e aos projetos inerentes à vida acadêmica, depositam na relação professor-aluno suas indefinições e incompletudes. Temos, ainda, alunos interessados e envolvidos com o processo, que a partir de suas experiências pessoais e da disponibilização de suas habilidades ao meio promovem a aprendizagem em sala de aula, numa atitude colaborativa ao exercício docente.

Contudo, nessa dinâmica cotidiana de inter-relações pessoais, o autor indica que as pesquisas sobre relações humanas são assertivas também no espaço acadêmico: "atitudes pessoais tendem a produzir atitudes recíprocas em outros", ou seja, "tanto os professores como os alunos serão geralmente tratados pelos outros como esperam ser tratados" (Lowman, 2004, p. 57). Ora, considerando esse pressuposto, cabe aos docentes atentarem para um encaminhamento saudável e equilibrado das atitudes em sala de aula.

Freire (2005, p. 97) faz a seguinte reflexão:

> A percepção que o aluno tem de mim não resulta exclusivamente de como atuo, mas também de como o aluno entende como atuo. Evidentemente não posso levar meus dias como professor a perguntar aos alunos o que acham de mim ou como me avaliam. Mas devo estar atento à leitura que fazem de minha atividade com eles. Precisamos aprender a compreender a significação de um silêncio, ou de um sorriso ou de uma retirada da sala. O tom menos cortês com que foi feita uma pergunta. Afinal, o espaço pedagógico é um texto para ser constantemente lido, interpretado, escrito e reescrito.

Ainda sobre as ações que influenciam nos vínculos interpessoais, Lowman (2004) coloca que, da parte dos professores, também há reações diferenciadas e emocionais em relação a algumas atitudes dos alunos: descompromisso com as práticas de estágio, atrasos sem justificativas coerentes, indiferença às abordagens, desrespeito às aulas expositivas e aos procedimentos propostos em sala de aula; tudo isso pode gerar desconfortos nas relações interpessoais.

Podemos dizer que aqui há um mito em torno do distanciamento que o professor de ensino superior consegue manter dessas questões "operacionais" do cotidiano escolar. Reforçamos que o amplo domínio de determinada área do conhecimento e o envolvimento com pesquisas não exclui o "ser humano professor" de reações positivas ou negativas ao desenrolar dos contatos em sala de aula. Nessa análise, é possível entender a importância do docente ter acesso à formação na área da didática, a qual será articuladora para a abordagem dos conteúdos. Entendemos que o domínio do conhecimento e os procedimentos didáticos cuidadosamente planejados neutralizam situações coletivas de insatisfação por parte dos alunos. Não se pretende enumerar receitas prontas para o sucesso em sala de aula, mas sabe-se que o domínio de estratégias, o espaço de discussão coletiva para anseios e desafios do cotidiano e o ato de planejamento sistemático são caminhos facilitadores que garantirão a qualidade das aulas e o alcance dos resultados esperados. É imprescindível que o conhecimento seja, como já citamos anteriormente, o elemento mediador das relações em sala de aula, pois esse é o único caminho para que se efetive a aprendizagem.

Ao pensar o papel do professor e o exercício de sua atividade, Pimenta e Anastasiou (2005) afirmam que os pesquisadores de vários campos científicos adentram no ensino superior como consequência de suas atividades, e muitos nunca se perguntaram sobre o que significa ser professor, como se fosse "natural" o exercício da docência, decorrente da prática profissional em outras áreas. Não se pretende, aqui, responsabilizar exclusivamente os professores pelas falhas e limites no sistema de ensino, considerando que a própria instituição de ensino e, em dimensão mais ampla, a organização do sistema, possibilita esse modelo de organização.

A construção da identidade profissional docente é imprescindível para que os encaminhamentos em sala de aula sejam adequados e satisfatórios não só para o aluno, mas também para o próprio professor. Cabe aqui tomar novamente os indicativos das autoras, como elementos constitutivos da profissão docente: formação acadêmica, conceitos, conteúdos específicos, ideal, objetivos, regulamentação de ética. Segundo Pimenta e Anastasiou (2005), a formação continuada é, sem dúvida, um recurso à construção de uma docência com qualidade, proporcionando ao professor a oportunidade de refletir sistematicamente sobre a sala de aula, o seu papel, o significado do ensinar e do aprender, o planejamento, o encaminhamento metodológico, a avaliação, dentre outros.

Na busca de superar os problemas enfrentados no cotidiano escolar, o preparo do profissional é fundamental, pois permitirá a compreensão das muitas variáveis que envolvem a "aula", e indicará recursos para que as relações interpessoais, tema dessa obra, não se constituam em aspectos pontuais e pessoais a serem superados.

As relações na sociedade e, por sua vez, nos espaços de educação formal são intrínsecas ao ato de ensinar e aprender. Abordá-las com segurança e responsabilidade não deve parecer aos olhos do professor como um ato natural e emocional, mas, sim, como um exercício que envolve o domínio das competências pedagógicas do professor universitário. Nessa área, assim como em tantas da sociedade contemporânea, é necessário superar o paradigma da "boa vontade" no ato educativo, ou ainda, a ideia de que as relações se estabelecem "naturalmente". Relacionar-se com qualidade, é sim, um processo de aprendizagem e construção, que se faz para todos os envolvidos no processo educativo e não exclusivamente de responsabilidade do professor e aluno.

Cabe, aqui, ampliarmos nossa discussão para os demais envolvidos no espaço acadêmico, na realização dessa proposta.

Síntese

Este capítulo nos apresentou alguns aspectos da atualidade que trouxeram novas demandas para o ensino superior, tais como a globalização, o desenvolvimento intensivo da ciência e da tecnologia e a mudança no papel do Estado e nas expectativas do mundo do trabalho em relação aos egressos do ensino superior. Apontou a necessidade do professor construir sua prática alicerçada em três dimensões: o domínio dos conteúdos específicos da área que leciona; o domínio das habilidades didáticas e o domínio das relações situacionais. Buscamos resgatar a importância de compreender o modo de pensar, agir e sentir do aluno adulto para que o professor possa favorecer o desenvolvimento de relações interpessoais produtivas no sentido de potencializarem a aprendizagem. O conteúdo significativo como eixo, abordado na perspectiva da interdisciplinaridade, é o horizonte que se almeja e que foi delineado por meio das dimensões conceituais, procedimentais e atitudinais. O capítulo trouxe, ainda, perspectivas para o docente de hoje e como sua ação em sala de aula (procedimentos), mediada pela teoria, é definidora no desenvolvimento das potencialidades do aluno adulto.

Indicações culturais

Filme

Escritores da liberdade. Direção: Richard LaGravenese. Produção: Danny DeVito, Michael Shamberg e Stacey Sher. EUA: Paramount Pictures, 2007. 123 min.

Este filme relata o cotidiano de uma turma de alunos considerados "incapazes" e a reviravolta trazida por uma postura pedagógica diferenciada, trazida pela professora de Literatura, que realmente "se envolve" com aqueles alunos.

Site

LIBERTAD - CENTRO DE PESQUISA, FORMAÇÃO E ASSESSORIA PEDAGÓGICA. Disponível em: <http://www.celsovasconcellos.com.br/index.htm>. Acesso em: 22 dez. 2009.

Neste site você pode buscar várias dicas, sugestões e referências, sobre a questão da (in)disciplina. Pesquise a seção "Textos & Cia". Você também pode ter contato com as obras de Celso Vasconcellos, que contribuem de maneira bastante significativa para a compreensão do trabalho pedagógico.

Atividades de Autoavaliação

1. Segundo Severino (1991), o professor universitário precisa desenvolver três dimensões: **a dos conteúdos, a das habilidades didáticas e a das relações situacionais**. Em relação a essas dimensões, identifique as afirmativas verdadeiras:
   I. Dentre as habilidades didáticas, podemos citar: planejar as sequências didáticas, utilizar diversas técnicas de ensino, promover atividades significativas, avaliar a aprendizagem de modo coerente.
   II. Relações situacionais se referem apenas ao domínio da disciplina na sala de aula pelo professor, amparado no regimento interno da instituição de ensino.
   III. A dimensão dos conteúdos se refere ao domínio do saber específico da área científica que o professor leciona.

IV. Habilidades didáticas são os saberes que permitem ao professor realizar a transposição didática, ou seja, tornar o conhecimento científico compreensível aos alunos.

V. Relações situacionais compõem tudo o que diz respeito ao relacionamento que se estabelece entre professor e aluno enquanto sujeitos envolvidos no processo educacional.

São corretas as alternativas:
a) II, III e IV.
b) I, III e V.
c) I, III, IV e V.
d) II, III, IV e V.

2. Masetto (2003) afirma que **o aluno de ensino superior deseja ser tratado como adulto**. Assinale a única alternativa que expressa corretamente o significado dessa frase:
   a) Embora os alunos desejem ser tratados como adultos, eles não vêm demonstrando atitudes condizentes com isso.
   b) Por serem adultos, os alunos de ensino superior tendem a ter um comportamento passivo e de pouco envolvimento nas aulas.
   c) Os alunos esperam que o docente respeite sua autonomia e use a experiência pessoal advinda do trabalho ou das relações pessoais como recurso para favorecer a aprendizagem.
   d) Como lida com adultos, não cabe ao professor de ensino superior o papel de levar em conta questões subjetivas. O seu trabalho é com o conhecimento.

3. Em *Pedagogia da autonomia*, Paulo Freire afirma que o bom professor é o que consegue, enquanto fala, trazer o aluno até a **intimidade** do movimento de seu pensamento. A aula desse profissional é, assim um desafio e não uma "cantiga de ninar". Assinale a alternativa que expõe corretamente o sentido do termo *desafio*, neste contexto:

a) Desafiar o aluno a pensar, a aprender, o que exige esforço e dedicação, mas também dá prazer. Para isso, é preciso acompanhar o raciocínio do professor, compreender as idéias que ele está expondo.

b) Desafiar o aluno a resolver os problemas que enfrenta no dia a dia mediante a discussão em sala de aula com a turma, sem a autoridade do professor.

c) Desafiar significa instituir um clima de competição em sala, de modo que cada aluno desenvolva as habilidades necessárias ao mundo atual.

d) Desafiar o aluno a deixar de lado as questões subjetivas e focar as ações em sala no sentido de acompanhar o raciocínio do professor e assimilar os conteúdos que ele está transmitido.

4. As relações situacionais têm um papel marcante no sucesso do processo de ensino-aprendizagem. Em relação a esse raciocínio, identifique as alternativas verdadeiras:

I. O estabelecimento de relações respeitosas em sala de aula, de modo que professor e alunos se sintam aceitos, valorizados, acolhidos e, ao mesmo tempo, instigados e desafiados, amplia sobremaneira as possibilidades de sucesso da aprendizagem.

II. Como bom gestor do processo pedagógico, cabe ao professor o conhecimento aprofundado das questões subjetivas de cada aluno, respeitando seus interesses e necessidades imediatos.

III. Estabelecer relações produtivas no ensino superior passa por tratar o aluno como adulto, com experiências e conhecimentos próprios e corresponsável pelo seu processo de aprendizagem.

IV. O trabalho pedagógico no ensino superior, pela profundidade a que deve chegar, precisa ser estritamente pautado na transmissão de conteúdos e cabe aos alunos agirem como adultos responsáveis pelo seu próprio sucesso na aprendizagem.

Estão corretas as alternativas:
a) III e IV.
b) I e II.
c) I e III.
d) II e IV.

5. Uma das habilidades necessárias ao professor de ensino superior é a de conhecer melhor a aprendizagem do adulto. Em relação a essa afirmativa, assinale a única alternativa correta:
   a) Para aprender realmente, o adulto precisa entender o significado de determinado conteúdo, o que é favorecido pela interdisciplinaridade e pela interação entre os participantes do processo de aprendizagem.
   b) O adulto é bastante utilitário, só aprende realmente o que pode usar num horizonte de tempo próximo, seja no trabalho, seja na vida pessoal.
   c) A aprendizagem do adulto somente se dá de maneira significativa quando há atividades práticas envolvidas na metodologia de ensino utilizada pelo professor em sala de aula.
   d) A compreensão dos conteúdos pelo adulto é facilitada pela abordagem disciplinar, estanque, pois cada coisa pode ser compreendida melhor em sua totalidade, sem misturar com outros saberes ou habilidades.

Atividades de Aprendizagem

Questões para Reflexão

1. No decorrer deste capítulo apresentamos alguns indicativos sobre como favorecer relações interpessoais que favoreçam a assimilação

do conhecimento pelos estudantes. Releia o capítulo e elabore uma lista descrevendo como é/gosta de ser tratado como aluno adulto.

2. Explique a frase que se segue a partir do conteúdo explorado no capítulo: **O professor também não está isento de emoções e sentimentos que dirigem sua ação em sala de aula.**

Atividades Aplicadas: Prática

1. Nas atividades do capítulo 1 você foi convidado a descrever a prática de um professor que o marcou positivamente e de um que o marcou negativamente. Retome aquelas reflexões e analise quais os pontos "fortes" ou "fracos" destes docentes, tomando por referência as três dimensões citadas: a dos conteúdos, a das habilidades didáticas e a das relações situacionais.

2. Reflita sobre sua atuação como professor(a) e liste quais são os seus pontos "fortes" ou "fracos", tomando por referência as três dimensões citadas: a dos conteúdos, a das habilidades didáticas e a das relações situacionais.

Capítulo 4

Possibilidades de intervenção pedagógica na sala de aula do ensino superior

Os capítulos anteriores buscaram localizar as ideias pedagógicas historicamente construídas e compreendê-las no contexto socioeconômico em que está inserido o ensino superior, hoje, no Brasil. Inúmeras variáveis, tais como a formação e as expectativas discentes e docentes, como também as mudanças na organização da sociedade, entrelaçam-se para delinear o perfil do ensino superior no século XXI, em nosso país. E o esboçar dessa identidade continua em construção, diariamente, nas salas de aula dos inúmeros cursos que compõem esse nível de ensino na sociedade brasileira.

O presente capítulo visa trazer para discussão alguns elementos cotidianos da realidade nas salas de aula de ensino superior que são motivos de desafios a serem superados, não só para os professores, mas para todos os envolvidos no processo educativo. Alguns desses aspectos, quando não merecedores de atenção, além de comprometerem a qualidade do trabalho pedagógico se tornam barreiras para que docentes e alunos avancem em suas relações e possam aprender a partir das mediações, intervenções, perguntas e respostas. Nesse caso, "o não dito" gera no coletivo uma barreira no processo de comunicação.

Para nortear esses encaminhamentos, reflitamos sobre alguns temas que dizem respeito ao trabalho pedagógico no ensino superior, para que, na sequência, analisemos como esses aspectos fazem a interface com os procedimentos em sala de aula:

~ Aquisição de conhecimentos sobre os processos que ocorrem na sala de aula;
~ Domínio de estratégias de intervenção didática;
~ Análise dos problemas de aprendizagem e desenvolvimento do aluno universitário;
~ Desenvolvimento de habilidades e estratégias de comunicação;
~ Desenvolvimento de habilidades de pesquisas;
~ Aplicação de processos avaliatórios que favoreçam a aprendizagem e o desenvolvimento dos alunos;
~ Formação de valores culturais e de ética profissional;
~ Elaboração de planos, programas e novas lógicas de organização curricular;
~ Análise crítica das demandas profissionais e mudanças curriculares;
~ Coordenação de equipes de discussão;
~ Mobilização de atividades para relacionar teoria e prática;
~ Integração de resultados de pesquisas de campo em situações de ensino;

~ Observação, registro, sistematização, análise e interpretação dos resultados da própria atividade docente; apresentação deles em eventos; sua discussão em fóruns. (Pimenta; Anastasiou, 2005, p. 253-254).

As situações ocorridas em salas de aula são singulares, visto que os sujeitos envolvidos no processo as definem e as constroem cotidianamente na realidade em que estão inseridos. Porém, há alguns aspectos que são comuns à realidade das diferentes salas de aula, assim como os temas citados são gerais às expectativas dos professores. Buscaremos resgatar algumas dessas situações que estão presentes no dia a dia escolar e propor caminhos possíveis de solução. Há questões que, embora aparentemente operacionais e advindas de regras preestabelecidas (entrega de trabalhos, atrasos em aula, materiais de apoio, notas, entre outras), possuem relação direta com valores e atitudes que envolvem ética, justiça, responsabilidade e respeito entre os partícipes no processo educativo.

Um primeiro passo para analisar alguns encaminhamentos práticos em sala de aula é ter clareza da concepção de sociedade e da educação que almejamos e, consequentemente, buscar a resposta sobre quais habilidades desejamos desenvolver em nossos alunos. Como desenvolver o potencial que o aluno adulto nos traz? Que aspectos consideramos essenciais no processo educativo? Qual será a atuação desse futuro profissional no mercado de trabalho, considerando a formação acadêmica que ele teve? Essa reflexão será fundamental para a construção das regras necessárias ao trabalho emancipatório e transformador nas salas de aula.

A proposta de ideias para repensar alguns encaminhamentos pedagógicos visa a possibilitar reflexões que conduzam a ações específicas e pontuais. Tais ações podem, ainda que se constituam de forma aparentemente simples, serem facilitadoras no processo educativo. Ocorre que, muitas vezes, envolvidos com as exigências do dia a dia, os professores não encontram indicativos para solucionar situações de conflito em sala de aula. Nessas circunstâncias, algumas questões inicialmente "solucionáveis" tornam-se complexas por não serem "enfrentadas" no momento necessário. No cotidiano de sala de aula, há várias situações pedagógicas que exigem posicionamentos a curto e médio prazo, evitando problemas mais complicados no decorrer do processo.

Nessa discussão, procedimentos incertos, impulsivos ou baseados em "exceções" podem comprometer a organização e a qualidade do trabalho docente. Não se pode esquecer que o professor é humano e, como tal, sujeito às muitas pressões que a própria sociedade impõe ao profissional hoje: horário de trabalho estendido, formação continuada deficitária, salários abaixo da expectativa, entre outros. Esse contexto pode, em situações que envolvam conflitos e desajustes em sala de aula, colaborar para um somatório de fatores que levem a atitudes inadequadas do professor. É imprescindível que, institucionalmente, o docente tenha um suporte técnico e quiçá, emocional, para, dentro do possível, manter-se saudável e tomar decisões e encaminhamentos com ética, responsabilidade e clareza.

Um aspecto a considerar, na busca de soluções, é que em geral questões de cunho pedagógico mesclam-se às relacionais, não havendo como dimensionar onde começam e terminam as variáveis concernentes ao fato. Dessa forma, cabe ao professor a maior clareza possível quanto à especificidade do ato educativo e da identidade do ensino superior. A compreensão da organização da instituição como um todo, das normas e encaminhamentos norteadores, assim como do planejamento da sua disciplina, possibilita decisões assertivas e abre caminho para um diálogo mais aberto com os alunos e profícuo em mudanças.

No encaminhamento diário em sala de aula, muitas interrupções no cotidiano das aulas para "chamadas de atenção" e sermões não são eficientes, pois é imprescindível considerar a faixa etária em que se está atuando e compreender o desenvolvimento do aluno adulto. É necessário detectar o problema para resolvê-lo.

Vamos, a seguir, analisar algumas possibilidades.

4.1 Contratos didáticos previamente definidos: primeiro passo para relações interpessoais saudáveis

O planejamento criterioso no início dos trabalhos do período letivo pode ser definitivo para a clareza e compreensão dos encaminhamentos futuros. Porém, uma organização detalhada do Calendário de Trabalho e do Plano de Ensino, a partir dos itens que o compõem, como ementa, objetivos, estratégias, abordagem interdisciplinar, estratégias, avaliação, entre outros, não garante, por si só, um trabalho eficaz com os alunos.

É imprescindível que os alunos tenham acesso a esse planejamento, não apenas na perspectiva burocrática, mas, acima de tudo, com a compreensão de que são aqueles indicativos que vão compor a disciplina como um todo no período letivo. É necessário que os alunos compreendam que, a partir desses aspectos, serão desenvolvidos os trabalhos, as exigências e, consequentemente, os resultados. Segundo Melo e Urbanetz (2009, p. 39),

> *É para alcançar êxito na relação didática que o professor é levado a planejar a disciplina, de modo que possa viabilizar as ações durante um período suficiente para que ele e seus alunos, ambos conscientes do plano, possam melhor se posicionar com relação a este e às exigências que dele advêm, ou seja, o planejamento possui um caráter pragmático, que facilita e organiza a vida acadêmica de professores e alunos, servindo [...] de guia para o trabalho docente.*

As primeiras aulas do período letivo (semestre, ano, módulo) devem ser priorizadas para esses esclarecimentos e orientações. Ainda, uma exposição clara e detalhada pelo professor sobre o plano de ensino e sobre as exigências da disciplina contribuirá efetivamente para relações mais saudáveis e democráticas entre professor e aluno, durante todo o processo. Segundo Masetto (2003, p. 50), esse diálogo inicial

> é o momento de envolver a classe na discussão de programação dos trabalhos que poderão se realizar. Ouvir as expectativas e necessidades dos alunos quanto ao que poderiam aprender naquela disciplina, conhecer seus interesses, identificar a falta de motivação, demonstrar a relação da disciplina com outras do curso e com a vida profissional, responder às duvidas e outras questões que os alunos possam ter, saber se já ouviram falar do conteúdo da disciplina, que tópicos conhecem e de onde obtiveram essa informação.

Por se tratar de um nível de ensino em que o trabalho pedagógico se realiza com a idade adulta, muitos professores partem do pressuposto de que todas as regras que organizam o dia a dia em sala de aula já são compreendidas e mais que isso, incorporadas por esse aluno. Cada vez mais percebe-se que essa conclusão não procede. Por várias razões, que não cabe levantar aqui, os alunos não adentram no ensino superior com a autonomia construída, tampouco com os requisitos básicos para a realização do curso e com relativa independência acadêmica. Deriva desse comportamento uma responsabilidade da qual esse nível de ensino não pode se excluir: o trabalho com regras, procedimentos e hábitos de estudo imbricado à abordagem dos conteúdos específicos. Sobre esse tema, a contribuição de Pimenta e Anastasiou (2005, p. 238-239) é elucidativa:

> Sobre hábitos de estudo insuficientes, dificuldades de raciocínio e falta de tempo para estudar, é necessário deixar claro que aprender a estudar

é sempre possível. Muitas vezes falta a orientação básica sobre como estudar um texto, como trabalhar com os modelos matemáticos, como encaminhar um trabalho, como consultar um fichário de biblioteca. [...] o colegiado docente pode se organizar em cada fase do curso para propor ações conjuntas que auxiliem na construção de uma autonomia crescente, em vista da competência necessária ao profissional que sairá do curso. [...] O aluno passará conosco alguns preciosos anos, e é ali que o precisaremos estar ensinando ou fazendo aprender o que lhe será necessário para a sua vida profissional.

Partindo desse resgate sobre o perfil do aluno adulto, vamos discutir sobre a necessidade de contratos didáticos previamente definidos e como envolvem aspectos em diferentes áreas, a considerar.

4.1.1 Avaliação

O assunto proposto é sempre motivo de muita polêmica em sala de aula, advindo da própria organização do sistema escolar quanto à ideia de avaliação vinculada a resultados, ou seja, os processos avaliativos no ensino superior apresentam fragilidades que não podem ser desconsideradas e, sem dúvida, refletem nas relações interpessoais que se constroem em sala de aula. É um desafio fazer com que o aluno desvincule o trabalho docente de uma relação imediata com os resultados alcançados, sendo corriqueira a seguinte afirmação: "o professor me deu nota baixa". Ainda que cercado por limites, é imprescindível que o professor tenha como horizonte a avaliação diagnóstica e que "leia" nos resultados dos alunos indicativos para uma autoavaliação. Concomitante a isso, é importante que os alunos tenham clareza dos instrumentos de avaliação da disciplina, critérios de correção, assim como do cálculo da nota da disciplina. Sobre esse tema, Masetto (2003, p. 148) nos coloca a seguinte pergunta: "O que se entende por processo de avaliação de aprendizagem num curso superior"? Não é objetivo dessa obra aprofundar-se nesse tema, mas segundo o próprio autor, "pela tradição dos cursos universitários, a avaliação traz consigo a ideia de nota, de poder, de aprovação ou reprovação, de autoridade, de classificação de alunos para os mais diversos fins". Ora, não podemos "naturalizar" esses procedimentos, pelo contrário, é necessário pensar a avaliação e aprendizagem como elementos correlacionados e traçar caminhos para viabilizar esses processos indissociavelmente. A discussão sobre avaliação não deve ser dispensada no ensino superior, e sim, deve ser objeto de estudo e planejamento criterioso, tanto no que se refere aos instrumentos, como critérios avaliativos e, sem dúvida, sobre a própria concepção de avaliação que os docentes possuem e quais precisam lançar como horizonte.

Algumas orientações são valiosas para o sucesso do trabalho docente, assim como para o desenvolvimento do aluno, em suas múltiplas dimensões – social, profissional, cognitiva – perante o assunto "avaliação". Entre os encaminhamentos iniciais, cabe destacar quais indicações quanto a trabalhos e provas: organização de equipes, procedimentos para apresentação oral e para entrega de trabalhos escritos, extensão ou não de prazos (como também razões que justificam a ampliação de prazos), critérios avaliativos (como será a composição de nota dos trabalhos com os outros instrumentos de avaliação); exigência das normas científicas da Associação Brasileira de Normas Técnicas (ABNT). Nesse último item, ainda que pareça evidente, cabe destacar a intolerância às situações que envolvam cópias parciais de trabalhos e plágios e quais os procedimentos nesses casos. Quanto à aplicação de provas, é importante agendar datas previamente e indicar os conceitos (conteúdos) a serem avaliados. Os instrumentos avaliativos devem ser expressões do trabalho realizado em sala de aula, fruto dos registros, das discussões, das leituras, dos conceitos aprofundados e das relações estabelecidas entre teoria e prática. Nessa dimensão, conclui Masetto (2003, p. 159), "como a avaliação é um processo em função da aprendizagem, deduz-se que os objetivos da aprendizagem são os que definirão as técnicas avaliativas". Por fim, é necessário expor aos alunos a não aceitação de situações de desonestidade durante a realização das provas. Quanto às sanções para as diferentes situações, embora a maioria já possua indicativo no regimento da instituição, é interessante apresentá-las no início do período, para que não perdurem dúvidas futuras.

4.1.2 Horário das aulas

Embora pareça óbvio que o horário previamente definido pela instituição de ensino é o que determinará os períodos de trabalho em sala, esse aspecto merece atenção do professor no cotidiano escolar de ensino superior. Situações variadas como entrada após o início dos trabalhos, saídas antecipadas ao término da aula, faltas – com justificativa, com abono, sem justificativa, por motivo de trabalho ou doença de um familiar –, segunda chamada de avaliação estão relacionadas a esse assunto. Nessas condições, é importante respeitar integralmente os acordos que são feitos inicialmente, sem descumprir os princípios institucionais e legais. Porém, o professor precisa estar atento para que os aspectos burocráticos, entre os quais o controle-registro das presenças/faltas, não sejam enfatizados à abordagem dos assuntos pertinentes à aula. O aluno adulto deve ter autonomia para organizar e administrar seu tempo, cabendo ao professor a tarefa de esclarecer os procedimentos que serão tomados e sustentados durante o período letivo. Retomar o tema em cada encontro é despender um tempo precioso de discussão e análise dos conteúdos pertinentes à disciplina. Decorre, disso, a necessidade da exposição de regras claramente definidas no início do período.

4.1.3 Atividades e atitudes inadequadas ao espaço de sala de aula

Conversas, respostas agressivas, usar o celular durante a aula, perguntas com a intenção de desestabilizar a aula, intolerância e desrespeito às perguntas de colegas. Abordar esse assunto em turmas de alunos adultos parece descabido, porém, a realidade nos apresenta situações que realmente merecem reflexão quanto a esses aspectos. Cada vez mais nos deparamos, em salas de aula, com atitudes não condizentes com o convívio social, sem condições mínimas de respeito e tolerância ao próximo. Esses comportamentos comprometem a qualidade da comunicação e a construção de relações saudáveis e democráticas e, consequentemente, o acesso ao conhecimento. Mas como agir?

Podemos afirmar que, entre todos os procedimentos discutidos, esse aspecto é o que envolve mais nuances e desafios, cabendo ao professor equilíbrio, bom senso e discernimento necessário para a "atitude certa na hora certa". Não há um molde pronto a ser indicado, pois essas questões de "indisciplina" ocorrem sempre dentro de um determinado contexto, que pode ter uma dimensão pessoal ou coletiva. Ainda, a respeito deste assunto, vale a mesma análise já feita anteriormente, que envolve planejamento e rigor nos encaminhamentos teórico-metodológicos em sala de aula de modo que "neutralizem" atitudes individuais de indisciplina.

Perante uma situação ameaçadora ou de agressividade atípica, o professor precisa ter o equilíbrio profissional suficiente para não se envolver na situação de forma passional. É importante ainda que, num outro momento, o professor faça uma reavaliação da situação e levante as hipóteses que o permita compreender o fato ocorrido. No decorrer do processo, é necessário observar se encaminhamentos diferenciados na turma em que houve o problema poderão gerar novas atitudes. Não significa flexibilizar regras necessárias, mas sim abordá-las de forma diferenciada no coletivo da sala de aula. Quanto a esse tema, cabe ainda comentarmos sobre qual o melhor caminho, perante a necessidade de advertir, chamar a atenção de um aluno. Cabe aqui, também, uma orientação: não expor os alunos – elogiar em público e repreender em espaço privado, individualmente. Nesse ponto, Lowman (2004, p. 70) adverte que "a chave está no modo como a crítica é feita e na qualidade geral do relacionamento dentro do qual ela é feita". A autora afirma ainda que, "mesmo quando relacionamentos interpessoais positivos estão presentes, é necessária, de qualquer forma, uma habilidade diplomática, para que a crítica do professor tenha um efeito construtivo".

4.1.4 Utilização de materiais e recursos pertinentes às aulas

O exercício da docência envolve um suporte anterior à própria aula, tanto da parte do professor, como em algumas situações, do aluno. Entre os quais, que este prepare previamente o material a ser utilizado em sala de aula (fotocópias, leituras) ou, da parte do professor, que solicite a instalação de recursos audiovisuais necessários ao ensino de determinado assunto. É imprescindível a organização do professor no sentido de disponibilizar esses materiais aos discentes em local previamente acordado entre as partes. Em contrapartida, o não cumprimento do aluno em relação a fotocópias de texto ou elaboração de trabalhos para serem apresentados não pode comprometer o andamento das aulas e a abordagem dos conteúdos. Em geral, quando houver situações imprevistas, cabe ao professor ter em seu planejamento diferentes estratégias de ação para resolver o problema, seja quanto a textos não lidos ou equipes que faltam para apresentação, seja recursos que não "funcionam". É responsabilidade do professor abordar o conteúdo de outra forma e, assim, usar o tempo de aula da melhor forma, em prol da excelência acadêmica, que se converte concretamente em ampliação de conceitos e real aprendizagem.

Quanto a essas e outras situações imprevistas, cabe lembrar que ao invés de fazer um discurso reclamando, o professor deve agir proativamente de modo que a situação seja pontualmente resolvida e não se converta no "tema" da aula. Afinal, o grupo todo não pode ter seus trabalhos acadêmicos comprometidos pela incoerência e descompromisso de poucos. O apoio dos diferentes setores da instituição será de grande valia para situações emergenciais, ou ainda, crônicas. Por fim, o fato de ser adulto não exclui a necessidade de o aluno de ensino superior precisar de um apoio mais efetivo, muitas vezes, inclusive, na área psicológica, afetiva, emocional, para solução de problemas que se revelam no espaço acadêmico, mesmo que não possuem nele sua origem.

Quanto às regras, cabe destacar que flexibilidade não é sinônimo de permissividade e o ato de educar exige tomada de decisão, coerência e bom senso. Mesmo no trabalho com adultos, a postura do docente será objeto de análise e referência para cumprimento dos procedimentos em sala de aula. O "professor bonzinho" faz um desserviço à formação do aluno, tanto academicamente como profissionalmente, e retira desse estudante a possibilidade de mudança, em nível pessoal e coletivo.

Entendemos que a construção coletiva das regras é um caminho a ser percorrido, visto que já existe um suporte normativo institucional, expresso no regimento da instituição. Isso não impede que exista um espaço de flexibilização, para que os alunos conjuntamente com o professor definam cooperativamente alguns encaminhamentos. Esse processo de construção da autonomia vai se ampliando à medida que o aluno avança no decorrer do curso. É interessante notar o amadurecimento social, intelectual e afetivo do aluno no transcorrer do tempo que ele passa no ensino superior. A ampliação da visão de mundo, o domínio de novas habilidades, a compreensão e o aprofundamento de conceitos inicialmente elementares, como também o rigor científico, a construção de procedimentos éticos nas relações pessoais e profissionais são alguns dos avanços gratificantes de serem percebidos no decorrer do processo.

4.2 A comunicação e a aula expositiva: caminhos que se entrecruzam

O exercício da docência se faz cotidianamente pela comunicação, em que os papéis de emissor e receptor se alternam frequentemente. A palavra escrita e falada permite que possamos exprimir pensamentos e ideias, ao nos comunicarmos com os alunos e fazendo-se compreender e ser compreendido por eles.

Porém, o ato educativo abarca uma complexidade muito mais ampla de elementos do que a mera transmissão de informação. De acordo com Masetto (2003, p. 49), a comunicação ocorre num processo de "mediação pedagógica", definida pelas seguintes características:

dialogar permanentemente de acordo com o que acontece no momento; trocar experiências; debater dúvidas, questões ou problemas; apresentar perguntas orientadoras; auxiliar nas carências e dificuldades técnicas ou de conhecimentos quando o aprendiz não consegue se conduzir sozinho; garantir a dinâmica do processo de aprendizagem; propor situações-problemas e desafios; desencadear e incentivar reflexões; criar intercâmbio entre a aprendizagem e a sociedade real onde nos encontramos nos mais diferentes aspectos; colaborar para estabelecer conexões entre o conhecimento adquirido e novos conceitos, fazendo a ponte com outras situações análogas; colocar o aprendiz frente a frente com questões éticas, sociais, profissionais, conflituosas, por vezes; colaborar para desenvolver crítica com relação à quantidade e validade das informações obtidas; cooperar para que o aprendiz use e comande as novas tecnologias para aprendizagem e não seja comandado por elas ou por quem as tenha programado; colaborar para que se aprenda a comunicar conhecimentos, seja por intermédio de meios convencionais, seja mediante novas tecnologias.

Na produção literária de Guimarães Rosa*, encontramos a clássica frase: "mestre não é quem sempre ensina, mas quem de repente aprende". Como pensar a comunicação nesse processo? Cabe aqui retomar um tema muito presente hoje e fonte de questionamentos e incompreensão pedagógica quando se pensam novas alternativas didáticas: a aula expositiva. A opção pela exposição oral por parte do professor, não significa, sine qua non, uma posição passiva por parte do ouvinte, no caso, o aluno. O processo de comunicação em sala de aula supera a mera transmissão de informação e realiza-se num constante ir e vir entre professor e aluno, contexto esse em que se realiza a aprendizagem.

Nessa concepção, a aula expositiva pode consistir num processo dialógico e problematizador que exige do professor um planejamento rigoroso e adequado à realidade da turma. Entre as principais indicações para a opção pela aula expositiva, Gil (2008, p. 74) propõe sua utilização para

> transmitir conhecimentos, apresentar um assunto de forma organizada; introduzir os alunos num assunto novo; despertar a atenção em relação ao assunto; transmitir experiências e observações pessoais não disponíveis sob outras formas de comunicação e por fim, sintetizar ou concluir uma unidade de ensino ou curso.

Ao abordar a aula expositiva, destacamos que a comunicação verbal não é o único canal de transmissão de uma aula, sendo que essa pode contar com outras possibilidades, entre as quais a utilização adequada de recursos audiovisuais como estratégias para abordar os assuntos de forma mais atraente. As imagens, multimídia, gráficos, sons, cores, enfim, elementos que ilustram, dinamizam e acabam por se tornar suportes aos temas apresentados, são facilitadores para os alunos que possuem outras capacidades de apreensão do conhecimento, que não prioritariamente a habilidade auditiva.

* Tal frase encontra-se em *Grande Sertão Veredas*.

Segundo Lowman (2004, p. 64), "estudos sobre comunicação humana demonstram que todos nós nos comunicamos muito mais do que dizemos [...], o tom da voz, o grau de inflexão ou ênfase, a expressão em nossos rostos e os gestos que fazemos comunicam tanto ou mais que nossas palavras".

Ainda sobre esse tema, concluímos lembrando que, ao pensarmos em comunicação, é necessário considerar que a "mensagem" pode chegar de diversas formas aos diferentes alunos, pois os mesmos trazem suas experiências pessoais, seus saberes prévios, ideias pré-elaboradas sobre os assuntos abordados, sendo que todos esses elementos se fazem presentes no desenvolvimento de uma aula. O professor precisa estar aberto à proposição de que sua aula pode ser compreendida de formas diferenciadas pelos alunos e que "informar não é comunicar".

Nesse sentido, Gil (2008) nos lembra que, quando a comunicação não é eficaz, o professor pode ser apenas a fonte de informação sem que consiga realmente favorecer a transformação dela em conhecimento pelos alunos. Por isso, é imprescindível que se compreenda que o objetivo da comunicação em sala de aula é a assimilação do conhecimento por eles. Tal espaço deve estar voltado à reelaboração de ideias e conceitos, mediados pelas estratégias e relações interpessoais ali estabelecidas. Após a realização da aula, é interessante que, esporadicamente, o professor solicite um feedback do aluno sobre o encaminhamento e apreensão do conteúdo, a partir da estratégia adotada.

4.3 O exercício da docência: uma opção que exige paixão e criatividade

Ao abordar esse subtema, queremos, inicialmente, clarificar que não se defende uma dimensão "vocacionada" de magistério, tampouco a concepção de paixão ajustada aos moldes do consumismo e satisfação individual da sociedade atual. Quanto à criatividade, não significa defender a lógica de que com "boa vontade" se consegue tudo, pois a educação não é o espaço do improviso e da precariedade. Mas qual abordagem de paixão e criatividade se propõe aos docentes de ensino superior? Quando definimos e propomos o exercício da docência como uma opção, trazemos para essa análise todos os elementos que envolvem o preparo do professor para o exercício da profissão, assim como a necessidade de realizá-la acreditando – não de forma ingênua – que o ato educativo possui uma dimensão transformadora, ainda que nos limites da sociedade em que está inserido, conforme tema abordado no segundo capítulo dessa obra. Para que se conquiste esse espaço, simultâneo ao processo de formação inicial e continuada, é imprescindível gostar do que se faz e expressar esse desejo pelo magistério em ações nas salas de aula. Estas revelam o compromisso com o planejamento, com a abertura às dúvidas e aos limites dos alunos e com a escuta desprovida de preconceitos das experiências e saberes dos alunos, fazendo a "contraposição" ao senso comum sem desmerecer o que eles sabem, mas levando-os a questionarem esse mesmo saber.

Como afirmam Castanho e Veiga (2000, p. 78), "se o professor é criativo em sua prática pedagógica, pode-se supor que terá condições mais favoráveis para desenvolver a criatividade de seus alunos". As autoras acrescentam ainda que, ao dialogar com alunos adultos acerca da memória de sua vida escolar, é possível notar que a lembrança de aulas criativas vem associada à memória de professores que eram "apaixonados pelo ofício de ensinar".

Nessa perspectiva, cabe destacar que não se defendem as "aulas-show" como estratégia de convencimento do aluno, mas, sim, o domínio das habilidades pedagógicas por parte do docente, viabilizando aulas "que façam a diferença".

Vários aspectos compõem esse diferencial: contato visual, entonação de voz, gestual do docente, postura atenta perante às intervenções e questionamentos dos alunos, entusiasmo e espírito investigativo pela área de conhecimento que aborda. Nessa perspectiva, os recursos utilizados, do giz aos últimos avanços tecnológicos em multimídia são suportes ao trabalho docente, mas não podem se constituir na aula em si.

O elemento que distingue a qualidade acadêmica de uma aula são indiscutivelmente suas características quanto à abordagem do conhecimento, como propõe Masetto (2003, p. 38-39):

> *a aquisição, elaboração e organização das informações, acesso ao conhecimento existente, relação entre o conhecimento que se possui e o novo que se adquire, reconstrução do próprio conhecimento com significado para si mesmo, inferência e generalização de conclusões, transferência de conhecimentos para novas situações, compreensão dos argumentos apresentados para defesa ou questionamento de teorias existentes, identificação de diferentes pontos de vista sobre o mesmo assunto, emissão de opiniões próprias com justificativas, desenvolvimento da imaginação e da criatividade, do pensar e do resolver problemas [...] Desenvolver um saber integrando os conhecimentos de uma área específica com os de outras áreas, de forma interdisciplinar, voltada para os compromissos sociais e comunitários.*

O compromisso e a responsabilidade com esses e outros aspectos demonstram o desejo e a paixão pela docência no sentido verdadeiro e mobilizador. Freire (2005, p. 1.430) lembra, ainda, que

> *é preciso reinsistir em que não se pense que a prática educativa vivida com afetividade e alegria, prescinda da formação científica séria e da clareza política dos educadores ou educadoras. A prática educativa é tudo isso: afetividade, alegria, capacidade científica, domínio técnico a serviço da mudança.*

4.4 Os saberes e experiências dos alunos na sala de aula

O respeito aos saberes prévios dos alunos consiste no primeiro passo para que a construção das relações interpessoais em sala de aula se efetive pelo viés do conhecimento. Planejar as aulas, considerando esse espaço de interação e escuta, permitirá melhor conhecimento da turma, tanto no aspecto social como no cognitivo. Cabe pensar a participação do aluno não apenas nas aulas expositivas dialogadas, mas também no uso de outras estratégias em sala que permitam que o discente se coloque oralmente. Há várias alternativas didáticas que possibilitam a ponte entre os saberes dos alunos e os conhecimentos científicos a serem abordados nas disciplinas, como por exemplo, algumas citadas por Masetto (2003): debate com a classe toda, estudo de caso, ensino com pesquisa, ensino por projetos, desempenho de papéis (dramatização), dinâmicas de grupo, entre outros. Esses encaminhamentos, em que os alunos possuem um espaço para repensar suas experiências, compartilhar ideias com outros colegas, ampliar e superar suas leituras de mundo, são férteis para o acesso ao saber científico. Outro aspecto importante ao tratar desse tema é a importância do *feedback* para os alunos em relação às atividades realizadas, não apenas com nota, mas com comentários (orais ou escritos e não em público) sobre o que pode melhorar. Segundo Gil (2008), a correção e o comentário sobre as provas, após sua realização, é um importante passo para que ela se torne, realmente, um apoio aos estudantes, informando em que medida alcançaram os objetivos propostos. Esse retorno, porém, pode e deve ser usado em diferentes situações das atividades acadêmicas, objetivando ampliar no aluno sua visão sobre si e seu potencial de desenvolvimento na construção de habilidades autoavaliativas.

Em muitas situações do processo avaliativo, o aluno não compreende o porquê do erro, logo, não pode avançar e retomar os conceitos trabalhados. O respeito ao processo de aprendizagem do aluno deve estar presente nos diferentes momentos do trabalho docente. Para que isso se efetive, é imprescindível ter método de trabalho, pois os alunos se sentem mais seguros e agem de maneira mais tranquila quando sabem o que virá na sequência e o por quê. Isso não significa mesmice, repetição, mas sim, aulas planejadas, claras, com começo meio e fim.

Ainda sobre essa discussão, não se pode desconsiderar a importância das contribuições do aluno-trabalhador, que em suas falas traz a realidade do trabalho e as diferentes nuances que envolvem a vida profissional. Os relatos e dúvidas desse aluno, advindas das experiências no trabalho, serão de extrema riqueza para abordar os conceitos concernentes à disciplina. Aqui cabe, porém, um cuidado: o professor precisa administrar esses comentários em sala, evitando que apenas um aluno tome a palavra e faça relatos longos, que desviem as aulas de seu foco. Nos grupos, em geral, haverá pessoas mais comunicativas e outras silenciosas; são formas diferentes de participação, que merecem respeito e mediação.

Quanto às experiências profissionais, é mais comum que os alunos que trabalham na área sejam mais comunicativos. Nesse contexto, propõe-se que o professor busque alternativas para que, na diversidade, os alunos se respeitem e avancem não só na dimensão intelectual, mas na aprendizagem do "conviver" com respeito e tolerância. Mais do que relações saudáveis na sala de aula, o aluno aprenderá pela observação da realidade, pelo diálogo e pelo desenvolvimento da capacidade argumentativa, importantes elementos para o exercício profissional.

Síntese

A iniciativa de propor alternativas de intervenção nas situações que constituem o cotidiano escolar não visa a um "receituário" de procedimentos ajustados aos desafios do exercício docente. Somos cientes da especificidade dos contextos e, consequentemente, da necessidade de decisões individuais às exigências do cotidiano escolar. Contudo, buscamos enumerar algumas situações comuns à realidade acadêmica e, a partir delas, considerando os pressupostos teóricos como norteadores, tomar a nossa experiência com o nível de ensino superior, para alguns indicativos de ação em sala de aula. A maioria das situações apresentadas retrata a realidade das salas de aula e as possibilidades de intervenção visam a ser facilitadoras na construção das relações interpessoais.

Indicações culturais

Filme

O Sorriso de Monalisa. Direção: Mike Newell. Produção: Elaine Goldsimith-Thomas, Paul Schiff e Deborah Schindler. EUA: Columbia Pictures, 2003. 125 min.

> Este filme apresenta a forma de agir de uma professora, diferente dos procedimentos tradicionais, numa escola de público feminino. Percebem-se as possibilidades de intervenção por caminhos que superam aqueles convencionalmente traçados no espaço escolar.

Sites

Porta Curtas. Disponível em: <http://www.portacurtas.com.br/index.asp>. Acesso em: 17 nov. 2009.

> Este site apresenta inúmeras sugestões de produções brasileiras, que podem acrescentar ideias ao planejamento das aulas quanto à organização social, ao comportamento e atitudes do adulto.

Tania Zagury. Disponível em: <http://www.taniazagury.com.br>. Acesso em: 17 nov. 2009.

Neste site você encontra artigos e entrevistas que discutem as relações interpessoais nos diferentes espaços sociais e as possibilidades de mediação e intervenção no processo ensino-aprendizagem.

Atividades de Autoavaliação

1. Assinale a alternativa **incorreta** quanto aos temas propostos por Pimenta e Anastasiou (2005), com relação ao trabalho pedagógico no ensino superior:
   a) Aplicação de processos avaliatórios que favoreçam a aprendizagem e o desenvolvimento dos alunos.
   b) Formação de valores culturais e de ética profissional.
   c) Organização de documentos sobre a vida acadêmica do aluno.
   d) Domínio de estratégias de intervenção didática.

2. Quanto ao trabalho com regras e hábitos de estudo no ensino superior, é correto afirmar que:
   a) o ensino superior não precisa trabalhar com regras e hábitos de estudo, visto que os alunos desenvolvem essas habilidades na educação básica.
   b) a discussão sobre regras didáticas e contratos é de competência exclusiva dos órgãos administrativos e expressos no regimento da instituição.
   c) uma responsabilidade da qual o ensino superior não pode se excluir é o trabalho com regras, procedimentos e hábitos de estudo imbricado à abordagem dos conteúdos específicos.
   d) o aluno adulto não aceita que o professor interfira em suas atitudes no que envolve pontualidade, responsabilidade, respeito; sendo assim, aconselha-se que o professor não aborde essas questões.

3. Um aspecto a considerar é que, em geral, questões de cunho pedagógico mesclam-se às relacionais, não havendo como dimensionar onde começam e terminam as variáveis concernentes ao fato. Assinale qual a ação docente **não** é adequada na busca de relações mais saudáveis e transformadoras:
   a) Cabe ao professor ter a maior clareza possível quanto à especificidade do ato educativo e da identidade do ensino superior.
   b) A compreensão da organização da instituição como um todo, das normas e encaminhamentos norteadores, assim como do planejamento da sua disciplina.
   c) Inserir-se num processo de autoavaliação, visando a repensar alguns encaminhamentos pedagógicos que conduzam às ações transformadoras em sala de aula.
   d) Distanciar-se de aspectos que abordem as relações interpessoais e a abertura para diálogo em sala de aula, concentrando-se exclusivamente na transmissão de conteúdos.

4. Sobre o assunto: "A comunicação e a aula expositiva: caminhos que se entrecruzam", analise as afirmativas a seguir e assinale V (verdadeiro) ou F (falso):
   ( ) É imprescindível que o conhecimento seja o eixo que articule todo o processo comunicacional e que o professor compreenda a aula como um espaço de reelaboração de ideias e conceitos, mediados pelas estratégias e relações interpessoais ali estabelecidas.
   ( ) O exercício da docência se faz cotidianamente pela comunicação, em que os papéis de emissor e receptor se alternam frequentemente.
   ( ) No ensino superior, as aulas expositivas, colocam o aluno no papel exclusivo de receptor da informação, dispensando-o da interlocução com o emissor.

( ) A aula expositiva pode consistir num processo dialógico e problematizador que exige do professor um planejamento rigoroso e adequado à realidade da turma.

( ) Partindo do pressuposto que o aluno do ensino superior é adulto, não cabe ao professor buscar formas alternativas e atraentes de expressar suas idéias, visto que absorvê-las com qualidade é função dos alunos.

5. Em relação ao estabelecimento de um "contrato didático" entre professor e alunos no ensino superior, é correto afirmar:
   a) O contrato didático está explicitado no plano de ensino e este deverá ser apresentado aos alunos no início do curso para que eles se adaptem ao que é determinado pelo professor.
   b) A apresentação do plano de ensino é um momento para envolver a classe na discussão sobre a programação do que será realizado, tornando-a parceira do professor na busca da aprendizagem.
   c) Não é relevante se os alunos têm ou não acesso ao planejamento do professor, pois no dia a dia eles serão informados sobre os estudos, atividades e avaliações que deverão desenvolver para atingirem a aprovação.
   d) O contrato didático é definido pelo professor, apresentado aos alunos por meio da leitura do regimento acadêmico e cabe aos alunos assinar sua ciência e cumpri-lo no decorrer do curso.

Atividades de Aprendizagem

Questões para Reflexão

1. Resgate suas experiências pessoais no ensino superior e selecione em duas categorias: conteúdos/conhecimentos e conceitos sistematizados e construção das relações interpessoais (amizades, eventos, situações

relacionais, atitudes vivenciadas em sala de aula). Qual a expressão dessas análises na sua formação profissional e pessoal? Qual o papel da relação professor aluno conhecimento em sua história acadêmica?

2. Este capítulo traz a proposição do trabalho com contrato didático e regras no ensino superior como possibilidade de ampliação do espaço de diálogo e construção de valores como respeito, tolerância e responsabilidade coletiva. Ao concluir a leitura da obra, qual sua posição sobre o assunto perante as vivências que já teve com o aluno adulto? Como você avalia a viabilidade dessa abordagem com o aluno na sociedade hoje? Qual o papel do ensino superior perante esse desafio?

Atividades Aplicadas: Prática

1. Escolha pessoas que realizaram seus estudos em nível superior em três décadas diferentes. Faça uma entrevista na qual as perguntas abordem: uso de recursos audiovisuais nas aulas, relações interpessoais, procedimentos metodológicos, postura do professor, materiais de apoio pedagógico como textos e livros, regras disciplinares. Construa um quadro comparativo que lhe permita observar a permanência e as mudanças no ensino superior nas últimas décadas.

2. Leia o texto no *box* e, após, resolva a questão.

> Numa sala de aula de ensino superior, um grupo de alunos apresenta reação hostil e de intolerância às perguntas de duas alunas. O fato é que as perguntas são distantes do conteúdo abordado e não colaboram para a ampliação dos conceitos concernentes à disciplina.

Indique três possibilidades de ação do professor na busca de sanar essa dificuldade em sala de aula.

Considerações finais

Como já dissemos no início, a reflexão sobre o papel preponderante das relações interpessoais, mediadas pelo conhecimento, não se esgota com o final desta obra. Ao contrário, esperamos que, ao chegar a este ponto, o leitor se sinta instigado a saber mais, a buscar mais informações e a refletir criticamente sobre elas.

Mesmo assim, cabe apresentar alguns pontos centrais na reflexão que empreendemos no decorrer desta obra, reafirmando a concepção da relação professor-aluno-conhecimento que defendemos. Para facilitar esta síntese, organizaremos as ideias em forma de itens:

~ O modo como hoje se compreende a relação professor-aluno-conhecimento é resultado da construção histórica do ensino no Brasil, que reflete concepções pedagógicas articuladas às necessidades hegemônicas em cada período.

~ À organização taylorista-fordista da produção corresponde o ensino tradicional e depois o tecnicismo, ambos tomando o saber como algo externo aos sujeitos e que precisa ser repassado ao estudante de maneira a favorecer sua adaptação ao mercado.

~ Embora a escola nova também se articule aos interesses do capitalismo industrial, ela propôs uma inversão, defendendo que a adaptação dos sujeitos às necessidades da vida adulta se daria a partir do respeito aos interesses e necessidades imediatos de cada aluno. Assim, este foi colocado no centro do processo educativo por esta concepção.

~ Houve outras tendências pedagógicas, não hegemônicas, que tiveram como foco o desenvolvimento integral das pessoas, com o objetivo não de adaptação, mas de transformação social. Nestas concepções, nem o professor, nem o aluno, nem o conhecimento são o centro do processo, mas formam um tripé na busca de uma educação que tome professores e alunos como sujeitos que, mediados pelo diálogo, fazem acontecer o processo ensino-aprendizagem.

~ Todas essas tendências estão presentes na atualidade e influenciam as ações dos docentes e das instituições, mesmo que de maneira inconsciente. Cabe-nos refletir sobre estas influências e decidir como entendemos a relação professor-aluno-conhecimento na atualidade.

~ Hoje, além dos elementos históricos e pedagógicos já apontados, é urgente repensar o ensino superior devido às novas expectativas em relação a ele, causadas pelas mudanças ocorridas no final do século XX.

~ Defendemos que o ensino superior não deve se adaptar acriticamente ao mercado de trabalho, mas ajudar a formar cidadãos conscientes e críticos, que compreendem a atuação profissional como uma dimensão central na vida do ser humano, mas não a única. Por isso mesmo, o modo de lidar com os conteúdos precisa ser significativo para os alunos.

~ Expusemos a ideia de que a competência do professor tem três pilares: o domínio dos conteúdos, das habilidades didáticas e a das relações situacionais; insistimos na importância do desenvolvimento das duas últimas, já que nem sempre a formação inicial dos docentes as leva em conta.

~ Apresentamos a ideia de que o aluno de ensino superior, assim como o professor, é resultado da realidade que aí está e tende a ter comportamentos, valores, crenças, saberes, bastante diferentes daqueles que a instituição de ensino superior geralmente espera.

~ Alertamos sobre a necessidade de compreender a realidade do aluno adulto de maneira ampliada, evitando os estereótipos e ajudando-o a vencer as dificuldades de aprendizagem que porventura traga. Assim, deixamos claro que o ensino superior não pode se eximir de seu papel educador no sentido amplo do termo.

~ Para favorecer a aprendizagem, insistimos que o aluno de ensino superior precisa ser tratado como adulto, o que não significa deixá-lo à própria sorte, sem apoio, orientação e supervisão do professor no que se refere à aprendizagem.

~ Professor e alunos têm papéis diferentes no processo de ensino-aprendizagem. Ao primeiro cabe o papel de conduzir, mediar a aprendizagem e, ao segundo, a dedicação consciente, autônoma, reflexiva para que a aprendizagem realmente aconteça.

~ Apresentamos algumas sugestões de encaminhamento para situações que porventura dificultem a relação professor-aluno-conhecimento.

Finalmente, podemos concluir explicando por que utilizamos sempre a expressão *relação professor-aluno-conhecimento*. Acreditamos que as relações interpessoais que se estabelecem em sala de aula têm um objetivo específico: favorecer a aprendizagem. Por isso, não se trata de qualquer tipo de relação, mas de uma relação específica, na qual os papéis de cada um estão claros e são de conhecimento de todos, na qual o respeito e o diálogo estão presentes, mas na qual, em momento algum, se perde de vista o objetivo de fazer acontecer o processo ensino-aprendizagem.

Glossário*

Abordagem/concepção/tendência pedagógica: são as denominações referentes ao conjunto de referenciais teóricos com linha filosófica e autores afins, a vigorar com maior destaque e influência num determinado período histórico da educação. Os elementos que a compõem, assim como suas características (conteúdos, metodologia, avaliação, relação professor-aluno) definem o nome que a abordagem terá, como: tradicional, escola nova, crítica.

* Este glossário foi desenvolvido com base nas obras referenciadas neste livro e no conhecimento das autoras.

Autonomia: o exercício consciente, responsável e coerente das ações, visando à superação de limites em prol de seus próprios objetivos, assim como da coletividade como um todo. No que tange à educação, pressupõe que a construção da autonomia promove relações mais estáveis e intelectualmente construtivas na transmissão e acesso ao conhecimento científico, tendo por horizonte uma sociedade mais democrática.

Autoridade: esta expressão se refere a um poder legítimo, no qual um grupo "autoriza" uma pessoa ou instituição a interferir, a influenciar em suas ações e decisões. A autoridade é necessária, pois transmite segurança ao grupo, que reconhece a legitimidade do líder. A autoridade tem o objetivo de orientar o grupo na direção do que dele é esperado: o cumprimento de um projeto, o desenvolvimento de um produto, a construção de novos conhecimentos etc. Em sala de aula, geralmente, a autoridade do professor se estabelece por meio da competência técnica (domínio do conhecimento e didática) e relacional.

Autoritarismo: representa o abuso de poder, o uso inadequado e dirigido a interesses pessoais do poder que é delegado a alguém ou alguma instituição. É uma posição antidemocrática, impositiva, coercitiva, geralmente imposta pelo medo do grupo subordinado e pela forte hierarquia.

Formação utilitária/operacional: é aquela que se opõe à emancipação humana, tem o foco central no ensino das habilidades e saberes necessários para a inserção alienada no mercado de trabalho. Não tem por objetivo propiciar uma formação mais ampla que, além da inserção no trabalho, permita a compreensão ampliada da sociedade na qual vivemos.

Hegemonia: significa preponderância, supremacia, superioridade, seja de uma cidade ou país sobre outros, seja de uma ideia, uma concepção sobre as demais.

Holismo: é um termo criado a partir do grego *hólos*, que significa "todo", somado ao termo *ismo* e designa uma concepção dos seres e fenômenos como um todo que não pode ser explicado apenas pela soma de suas partes, sendo necessário compreender sua totalidade.

Liberalismo: é uma teoria política e econômica que propõe um Estado laico e não intervencionista, que dê espaço para que a economia de mercado regule, naturalmente, as relações sociais. Nessa concepção defende-se, ainda, o lucro e livre iniciativa.

Materialismo histórico: é o nome dado à concepção de mundo iniciada por Karl Marx (1818-1883) e analisa criticamente o capitalismo. Segundo essa linha, o capitalismo, embora tenha sido um avanço em relação às formas anteriores, era injusto e desigual, pois causava a exploração do trabalho de muitos (trabalhadores) por alguns (donos dos meios de produção). Propõe, ainda, a superação do capitalismo e a instauração do socialismo.

Mediado: mediar é "estar entre, no meio de". Entender que a relação entre professor e alunos está mediada pelo conhecimento significa que não se trata de uma relação qualquer, mas, sim, uma relação que tem como objetivo principal a aquisição do conhecimento pelo aprendiz. Do mesmo modo, o saber é mediado pelas relações, ou seja, a aprendizagem se dá por meio das relações que se estabelecem entre os alunos e destes com os professores.

Perspectiva emancipatória: nesta obra compreendemos que a educação deve ter uma perspectiva emancipatória, ou seja, favorecer que o ser humano desenvolva ao máximo as capacidades que tem, apropriando-se das ferramentas para a compreensão do mundo no qual vive.

Positivismo: é um conjunto de teorias que teve origem no pensamento de Auguste Comte (1798-1857) e que toma a razão e a ciência como ferramentas capazes de permitirem ao ser humano o domínio sobre a natureza.

Problematizadora: a educação problematizadora, proposta por Freire, é aquela que leva o aprendiz a refletir, a questionar-se a si e ao mundo e, com isso, abrir espaço para o novo conhecimento. Trata-se de uma reação do autor em relação à educação bancária, que apenas deposita os conhecimentos na cabeça dos alunos como se eles fossem um receptáculo neutro e vazio. A educação problematizadora parte da realidade vivida pelo aprendiz e a problematiza, questiona, por meio do diálogo aberto e fraterno entre quem deseja aprender e quem está ensinando. Respeita o conhecimento prévio do aprendiz, mas não permite que ele permaneça neste nível, instigando-o e ajudando-o a compreender o mundo de maneira mais clara.

Sequências pedagógicas: termo que vem sendo utilizado no lugar de "aula" e traz implícita a compreensão de que o processo de ensinar e aprender um conteúdo não se resume a uma aula, e sim a uma sequência de atividades planejadas com um objetivo específico.

Status quo: é um termo de origem latina que significa o "estado em que estão as coisas", a configuração atual de um fenômeno ou objeto de estudo.

Subjetivismo: refere-se a uma forma de compreender o mundo, baseada essencialmente na opinião, no sentimento do sujeito que vive uma determinada situação. De certo modo, o subjetivismo nega a possibilidade de haver uma realidade concreta, uma verdade, afirmando a relatividade dos fatos a partir da percepção de cada sujeito.

Trabalho não material: a produção não material se caracteriza por duas modalidades, aquela em que o produto se separa do ato de produção e aquela em que o produto não se separa do ato de produção e é nessa segunda modalidade que se localiza a educação.

Transposição didática: os conhecimentos considerados válidos em nossa sociedade geralmente se originam da ciência e da filosofia. Mas o que a escola ensina não são, exatamente, as teorias e os conceitos científicos e filosóficos, e sim a transposição desses conceitos de modo que possam ser assimilados pelos aprendizes.

Referências

ALMEIDA, Laurinda; PLACCO, Vera (Org.). **As relações interpessoais na formação de professores.** São Paulo: Loyola, 2002.

ARANHA, Maria Lúcia. **História da educação.** 2. ed. São Paulo: Moderna, 1996.

_____. **História da educação.** 3. ed. São Paulo: Moderna, 2004.

ARANHA, Maria Lúcia; MARTINS, Maria Helena. **Temas de filosofia.** 2. ed. São Paulo: Moderna, 1998.

ARRUDA, José Jobson; PILETTI, Nelson. **Toda a história**: história geral e história do Brasil. 8. ed. São Paulo: Ática, 1999.

CAMARGO, Denise de. **As emoções e a escola**. Curitiba: Travessa dos Editores, 2004.

CASTANHO, Maria Eugenia; VEIGA, Ilma Passos Alencastro. **Pedagogia universitária**: a aula em foco. Campinas: Papirus, 2000.

CODO, Wanderley; VAZQUES-MENEZES, Iône. O que é burnout? In: CODO, Wanderley (Coord.). **Educação, carinho e trabalho**. Petrópolis: Vozes, 1999. p. 237-254.

FERNANDES, Florestan. A crise da universidade, LDB e socialismo hoje. **Universidade e Sociedade**, Brasília, ano 2, n. 3, jun. 1992.

FREIRE, Paulo. **Pedagogia da autonomia**: saberes necessários à prática educativa. 13. ed. São Paulo: Paz e Terra, 2005.

GAZIM, Edna et al. Tendências pedagógicas brasileiras: contribuições para o debate. **Revista Chão da Escola**, Curitiba, n. 4, p. 41-52, out. 2005.

GIL, Antonio Carlos. **Didática do ensino superior**. São Paulo: Atlas, 2008.

GOUNET, Thomas. **Fordismo e toyotismo na civilização do automóvel**. São Paulo: Boitempo, 1999.

ISAIA, Silvia M. Desafios à docência superior: pressupostos a considerar. In: RISTOFF, Dilvo; SEVEGNANI, Palmira (Org.). **Docência na educação superior**. Brasília: Instituto Nacional de Estudos e Pesquisas Educacionais Anísio Teixeira, 2006. p. 63-84. (Coleção Educação Superior em Debate, v. 5).

KUENZER, Acácia Zeneida. O que muda no cotidiano da sala de aula universitária com as mudanças no mundo do trabalho? In: CASTANHO, Sérgio; CASTANHO, Maria Eugênia (Org.). **Temas e textos em metodologia do ensino superior**. Campinas: Papirus, 2001.

_____. Conhecimento e competências no trabalho e na escola. **Boletim Técnico do Senac**, Rio de Janeiro, v. 28, n. 2, p. 3-11, maio/ago. 2002a.

_____. Palestra de abertura. In: SEMINÁRIO DE PESQUISA EM EDUCAÇÃO DA REGIÃO SUL, 4., 2002. Florianópolis: ANPEd Sul: 2002b. **Anais**...

LIBÂNEO, José C. **Democratização da escola pública**: a pedagogia crítico-social dos conteúdos. 9. ed. São Paulo: Loyola, 1990.

LOWMAN, Joseph. **Dominando as técnicas de ensino**. São Paulo: Atlas, 2004.

MANACORDA, Mario Alighiero. **História da educação**: da Antiguidade aos nossos dias. São Paulo: Cortez, 1999.

MASETTO, Marcos Tarciso. **Competências pedagógicas do professor universitário**. São Paulo: Summus, 2003.

MELO, Alessandro de; URBANETZ, Sandra Terezinha. **Organização e estratégias pedagógicas**. Curitiba: Ibpex, 2009.

MIZUKAMI, Maria das Graças. **Ensino**: as abordagens do processo. São Paulo: EPU, 1986.

PIMENTA, Selma Garrido; ANASTASIOU, Lea das Graças Camargo. **Docência no ensino superior**. 2. ed. São Paulo: Cortez, 2005.

PORTILHO, Evelise María Labatut. **Aprendizaje universitario**: un enfoque metacognitivo. 2003. Tese (Doutorado) – Universidad Complutense, Madrid, 2003.

ROGERS, Carl. **Liberdade de aprender em nossa década**. 2. ed. Porto Alegre: Artes Médicas, 1986.

SAVIANI, Dermeval. **Escola e democracia**: teorias da educação, curvatura da vara, onze teses sobre educação e política. 22. ed. São Paulo: Cortez: Autores Associados, 1989.

_____. O trabalho como princípio educativo frente às novas tecnologias. In: FERRETI, Celso João et al. **Novas tecnologias, trabalho e educação**: um debate multidisciplinar. 5. ed. Petrópolis: Vozes, 1999.

_____. Tendências e correntes da educação brasileira. In: MENDES, Dumerval Trigueiro (Coord.). **Filosofia da educação brasileira**. 2. ed. Rio de Janeiro: Civilização Brasileira, 1985.

_____. **Pedagogia histórico-crítica**: primeiras aproximações. 2. ed. São Paulo: Cortez; Autores Associados, 1991.

SEVERINO, Antonio Joaquim. A formação e a prática do professor em face da crise atual dos paradigmas educacionais. **Ciência e Opinião**: Revista do Núcleo de Ciências Humanas e Sociais Aplicadas [do] Centro Universitário Positivo, Curitiba, v. 1, n. 2/4, jul. 2003/dez. 2004.

_____. A formação profissional do educador: pressupostos filosóficos e implicações curriculares. **Revista da ANDE**, São Paulo, n. 17, p. 29-40, 1991.

SILVA, Tomaz Tadeu. **Documentos de identidade**: uma introdução às teorias de currículo. Belo Horizonte: Autêntica, 1999.

SNYDERS, Georges. **A alegria na escola**. São Paulo: Manole, 1988.

SUHR, Inge Renate Fröse. **Formação continuada para a docência no ensino superior**: concepções norteadoras e encaminhamento metodológico. In: CONGRESSO NACIONAL DE EDUCAÇÃO – EDUCERE, 8.; CONGRESSO IBERO-AMERICANO SOBRE VIOLÊNCIA NAS ESCOLAS – CIAVE, 3., 2008. Curitiba, **Anais**... Curitiba: PUC-PR, 2008. Disponível em: <http://www.pucpr.br/eventos/educere/educere2008/anais/pdf/239_121.pdf>. Acesso em : 01 fev. 2010.

VASCONCELLOS, Celso dos Santos. **(In)Disciplina**: construção da disciplina consciente e interativa em sala de aula e na escola. São Paulo: Libertad, 2000a. (Cadernos Pedagógicos do Libertad, v. 4).

_____. **Construção do conhecimento em sala de aula**. 11. ed. São Paulo: Libertad, 2000b. (Cadernos Pedagógicos do Libertad, v. 2).

VEIGA, Ilma Passos Alencastro. **Docência universitária na educação superior**. 2006. Disponível em: <http://naeg.prg.usp.br/gap/secoes/seminario/docencia_universitaria_na_educacao_superior.pdf>. Acesso em: 09 fev. 2010.

ZABALA, Antoni. **A prática educativa**. Porto Alegre: Artes Médicas, 1998.

ZABALZA, Miguel. **O ensino universitário**: seu cenário e seus protagonistas. Porto Alegre: Artmed, 2004.

Bibliografia comentada

FREIRE, Paulo. **Pedagogia da autonomia**: saberes necessários à prática educativa. 13. ed. São Paulo: Paz e Terra, 2005.

> Este livro, de leitura agradável e, ao mesmo tempo, profunda, traz, nas palavras do "mestre" Paulo Freire, a defesa intransigente do respeito incondicional pelo ser humano em todas as atividades formativas e aborda a relação professor aluno-conhecimento.

MASETTO, Marcos Tarciso. **Competências pedagógicas do professor universitário**. São Paulo: Summus, 2003.

Obra na qual Masetto analisa vários aspectos da prática docente no ensino superior e propõe sugestões para o aprimoramento deste trabalho. Além de vários outros tópicos, analisa também os processos de interação presentes neste nível de ensino.

PIMENTA; Selma Garrido; ANASTASIOU, Lea das Graças Camargo. **Docência no ensino superior**. 2. ed. São Paulo: Cortez, 2005.

As autoras problematizam a docência a partir de um panorama mais amplo: a realidade das instituições de ensino superior na atualidade e as condições de trabalho oferecidas. Exploram de maneira brilhante a ideia que devemos lutar pela instauração do processo de "ensinagem", pois não basta só ensinar se não houver aprendizagem.

VASCONCELLOS, Celso dos Santos. **Construção do conhecimento em sala de aula**. 11. ed. São Paulo: Libertad, 2000. (Cadernos Pedagógicos do Libertad, v. 2).

Esta obra aponta as limitações da aula meramente expositiva e defende a metodologia dialética de construção do conhecimento, na qual professor e alunos são partícipes de um processo rico de ensino e aprendizagem.

Gabarito

Capítulo 1

Atividades de Autoavaliação

1. a, c
2. a
3. b
4. a, b
5. a, b, d

Atividades de Aprendizagem

Questões para Reflexão

1. Aspectos a serem propostos na elaboração do texto, que construam a autonomia e não a alienação na relação professor-aluno, podem ser os seguintes: clareza sobre os conceitos de alienação e emancipação; leituras de autores clássicos que discutam educação de forma crítica e aprofundada; proposição de um contrato de trabalho no início do período letivo, observando as posturas que constroem a autonomia e posturas que são estagnantes e que não constroem a emancipação acadêmica; discussão e análise das avaliações feitas no semestre (textos, propostas, questões); respeito e responsabilidade na articulação das relações entre os pares, assim como no trabalho pedagógico com o próprio professor.

2. Nos encaminhamentos, o docente pode propor a elaboração de regras de trabalho para equipes, baseadas na cooperação, ética e critérios de avaliação e trabalhos dirigidos a partir de mapas conceituais, tabelas, orientações para autoavaliação.

Capítulo 2

Atividades de Autoavaliação

1. c
2. a
3. b
4. d
5. a

Atividades de Aprendizagem

Questões para Reflexão

1. Com relação aos questionamentos, as respostas são subjetivas, porém, de acordo com o estudado no capítulo, a resposta poderia ter o seguinte posicionamento: embora a formação profissional seja um dos pontos importantes do ensino superior, é necessário ir além dela, formando pessoas que, tanto no exercício da profissão quanto na vida como cidadão compreendam a realidade do mundo atual e se engajem no sentido de contribuírem para questões cruciais tais como a sustentabilidade, a justiça social, dentre outras.

2. A crise de certeza tem a ver com o questionamento à concepção moderna de mundo e às instituições que obtiveram força neste período, tais como a igreja, o estado e a família. Se a ciência e a razão não são mais a única forma de explicar o mundo, abre-se espaço para várias outras formas de interpretação que originam uma diversidade de perspectivas que colocam em xeque os valores tradicionais e abrem a possibilidade de várias formas de vida, relacionamento, fé, opção sexual etc.

Capítulo 3

Atividades de Autoavaliação

1. c
2. c
3. a
4. c
5. a

Atividades de Aprendizagem

Questões para Reflexão

1. O aluno poderá listar diversos pontos, mas deve ficar clara a ideia de que o adulto precisa ser tratado como tal e jamais como criança ou incompetente. Seus motivos para frequentar o ensino superior são variados, desde necessidades do trabalho até desejo de autossuperação, mas de qualquer forma, o adulto compreende com mais facilidade os conteúdos quando estes são contextualizados e relacionados uns com os outros. Além disso, é importante, para ele, ser visto, compreendido em suas necessidades e no seu esforço para aprender.

2. A resposta a esta questão deve explorar o fato de que o professor também é um ser humano, sujeito aos mesmos problemas diários que seus alunos e não está isento de ter reações inadequadas em sala causadas por cansaço, preconceitos, estresse, dentre outros.

Capítulo 4

Atividades de Autoavaliação

1. c
2. c
3. d
4. V, V, F, V, F, F.
5. b

Atividades de Aprendizagem

Questões para Reflexão

1. Espera-se que o estudante perceba o quanto as relações interpessoais podem facilitar ou dificultar a aprendizagem e, mais do que isso, nos marcam, ou seja, são referências em nosso modo de ser e agir como pessoas e profissionais mesmo tempos após a conclusão do ensino superior.
2. Espera-se que o estudante descreva a necessidade do estabelecimento de regras, não só no ensino superior, mas em todas as situações em que há pessoas reunidas com um objetivo em comum. É essencial que no ensino superior estas regras tenham como objetivo a constante melhoria da aprendizagem e o professor, assim como a instituição, não podem se eximir da responsabilidade de favorecer um ambiente saudável de estudo e aprendizagem para os alunos e para isso o estabelecimento coletivo de regras e seu cumprimento é de grande importância.

Nota sobre as autoras

Inge Renate Fröse Suhr possui licenciatura em Pedagogia (1982), especialização em Organização do Trabalho Pedagógico (2000) e mestrado em Educação na área de Políticas e Gestão da Educação (2004) pela Universidade Federal do Paraná (UFPR). Atualmente é aluna do programa de doutorado em Educação pela mesma instituição. Iniciou carreira no magistério como professora alfabetizadora na rede municipal de educação de Curitiba, na qual posteriormente atuou como supervisora escolar. Ao mesmo tempo, foi professora e coordenadora pedagógica de cursos de formação de professores (magistério – ensino médio) e coordenadora pedagógica em escola confessional de Curitiba. No período entre 2003 e 2006 foi coordenadora do Centro Didático Pedagógico (responsável pelo apoio pedagógico aos docentes de ensino superior) na Faculdades Integradas do Brasil (UniBrasil). Atualmente, leciona na área de Pedagogia e em cursos de pós-graduação da do Centro Universitário Uninter e integra o Centro de Apoio Pedagógico desta mesma instituição, sendo responsável pela orientação pedagógica aos docentes.

Simone Zampier da Silva possui graduação em Pedagogia (1990) pela UFPR e em Administração de Empresas (1991) pela Faculdade Positivo, especialização em Psicopedagogia (1993) pela Pontifícia Universidade Católica do Paraná (PUCPR) e mestrado em Educação (2004) pela UFPR. Hoje atua como professora e coordenadora adjunta do curso de Pedagogia da do Centro Universitário Uninter e leciona em cursos de formação de docentes em nível médio e de pós-graduação em outras instituições de ensino superior no Paraná. É autora da obra *Orientação e supervisão escolar – caminhos e perspectivas*, publicada pela Editora InterSaberes, e de artigos publicados em eventos científicos. Realiza pesquisas sobre temas relativos à educação na atualidade, como políticas educacionais e avaliação institucional.

Os papéis utilizados neste livro, certificados por instituições ambientais competentes, são recicláveis, provenientes de fontes renováveis e, portanto, um meio responsável e natural de informação e conhecimento.

Impressão: Gráfica Capital
Dezembro/2016